6000件の退去立会いから
わかった!

空室対策はお金よりアイデアです

傍島啓介 著

セルバ出版

はじめに

「大家さん、空室に困った経験はありませんか」

よほど好立地で、新しい物件を所有している大家さん以外は、「ある」とお答えになるのではないでしょうか。

人口減少に転じているにもかかわらず、減らない賃貸住宅の着工件数。今や、空き家・空室が社会問題にもなっています。

また、相続税増税を機に、新たに賃貸経営を始められた大家さんもお見えになるではないでしょうか。賃貸経営を始めた瞬間から、空室リスクは常について回ります。

管理会社や不動産会社任せにしていませんか。

「物件が古いから」「立地が悪いから」などと理由を見つけて空室を諦めていませんか。

私は、大家さんでも、不動産会社でもありません。退去立会いをさせていただく、リフォーム業者です。

私が賃貸住宅の退去立会いを始めたのが、ちょうどバブル崩壊から10年ほど経った2000年過ぎでした。それから今まで、約6、000件の退去立会いを通じて、たくさんの入居者さんからお話をお伺いし、たくさんの大家さんと出会わせていただきました。その中で「笑っている大家さん」

と「泣いている大家さん」の存在に気がつきました。そして、「泣いている大家さんと笑っている大家さんの差は知識の差」だと気づきました。

では、なぜ、満室で成功している大家さんと、空室で苦しむ大家さんがいるのでしょうか。

賃貸経営を始めたときから、大家さんは、経営者であり社長さんです。大家さんは、「商品である物件」を如何に売り込んでいくのかを考え行動していかなくてはいけません。

今後、益々勝ち組大家さんと負け組大家さんの二極化が進むであろう賃貸住宅市場で、誰でも今すぐ始められる空室対策の方法でお役に立てればと本書を書きました。

本書を読んで、少しでも多くの大家さんが賃貸経営で成功し、大家さん・入居者さん・不動産会社さん・管理会社さんなど、すべての人が賃貸住宅を通じて幸せになっていただきたいと願うばかりです。

２０１５年２月

傍島　啓介

６０００件の退去立会いからわかった！　空室対策はお金よりアイデアです　目次

第1章　なぜ、今、空室対策が必要か

第2章　おもてなしの空室対策！

第3章　退去立会いを知る！

第6章 リスクマネジメント

第7章 退去立会いあれやこれや

第1章　なぜ、今、空室対策が必要か

1　人口動態から見る賃貸住宅市場

人口減少と世帯数減少

日本の人口は、政府の統計によると、２００５年を境に減少しており、今後も減少し続けると予測されています（図表1参照）。

また、世帯数に関しても、２０１５年をピークに減少していくという予測です。

そんな中、持ち家・借家共に住宅の着工件数は、近年増えています（図表2参照）。

今や、社会問題にもなっている空き家問題があります、以上の背景から考え、今後、空き家や賃貸住宅の空室率は、益々増加することが予測されます。前述の状況から考えて、空室対策は、賃貸経営をするうえで急務と考えられます。

賃貸住宅も多様化の時代

今までは、賃貸住宅といえば、よく似た間取りの、白いクロスを貼ったお部屋が定番となっていましたが、供給過多となるこれからの時代は、「ＤＩＹ賃貸」などのように、趣味や目的によって、多様化することが想定されます。

【図表１　日本の人口の推移】

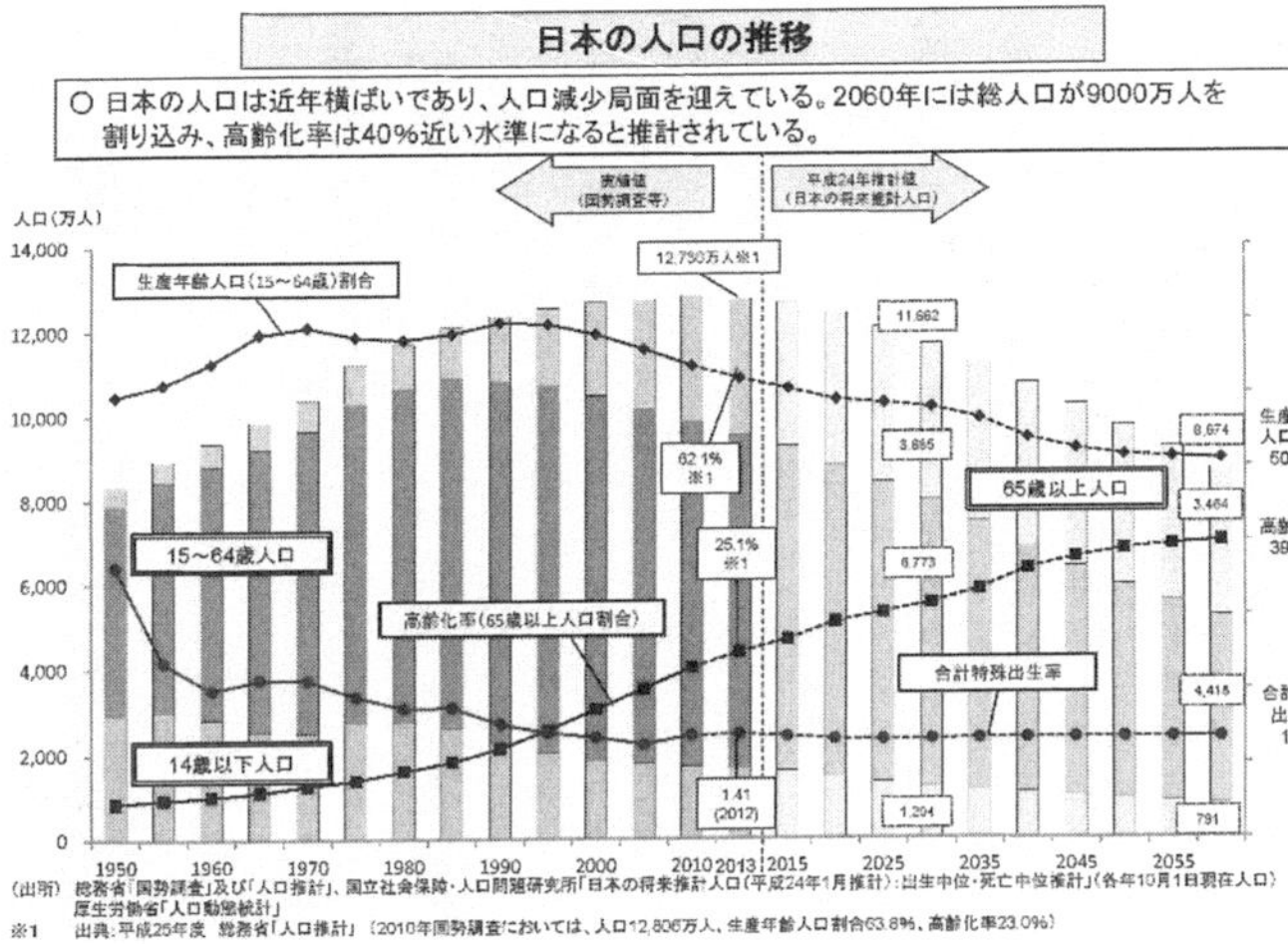

【図表２　新設住宅着工戸数の推移
（総戸数、持家系・借家系別）】

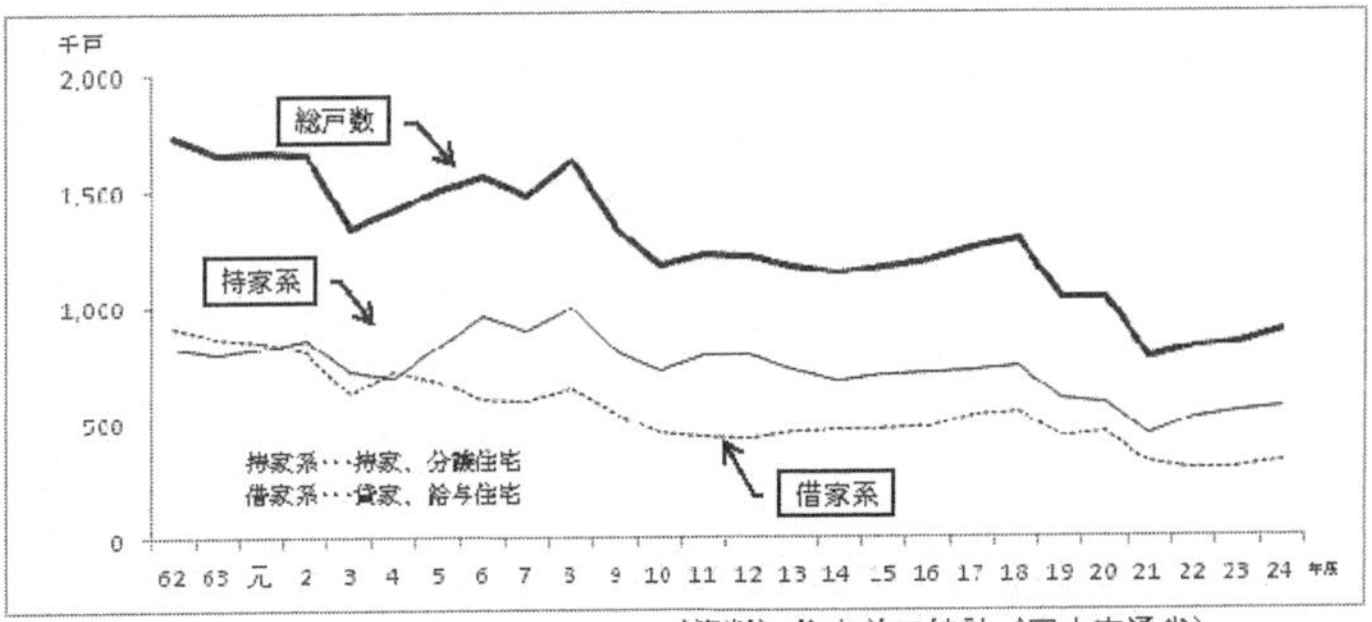

（資料）住宅着工統計（国土交通省）

2　入居希望者は何を求めているのか

物件の強み・弱みを知っていますか

物件の強みと弱みを知っていないと、適切なＰＲはできません。

では、強みとは何でしょうか。

強みとは、駅に近い、広い、フルリノベーションしてある、収納が充実しているなど、近隣競合物件より優れている部分です。この部分を知って、マイソクなどの募集チラシに目立つように入れてＰＲしましょう。

不動産で絶対に変えられないのは？

不動産で絶対に変えられないのは、当然ながら立地です。

では、立地が悪い物件は、空室対策は諦めるしかないのでしょうか。

築年数も同様に、古くなったらタイムマシーンでも使って新築当初に戻しますか。それとも立て替えますか。現実的ではないお話をしてしまいました。

そこで、入居希望者のニーズを知り、正しいお部屋づくりとＰＲをする必要があるのです。

賃貸経営の成功にはマーケティング

物件のあるエリアには、どんな間取りが求められているのか。

どの年齢層が多く住んでいるのか。

どのくらいの家賃帯の物件を求めているのか。

駐車場は、何台必要なのか。

そういったリサーチをすることが、重要です。例えば、駐車場が足りていないのであれば、近隣の空き地を借り上げて、物件に必要な台数を確保して募集をすることが必要となります。

女性目線のお部屋づくり

ファミリー物件であれば、女性が家にいる時間が長いし、水廻りなどを使用するのも女性が多いです。また、家庭でお財布を握っているのも女性の場合が多いので、当然、お部屋を選ぶ権限も女性のほうが強いご家庭が多いため、女性目線でお部屋をつくります。

現実に、旦那さんが気に入ったお部屋なのに、奥様の反対でご契約頂けなかったケースも少なくありません。

男性の大家さんは、ご自身の身近な奥様などの女性の意見を取り入れて、水周りや収納を中心にしたお部屋づくりをするといいです。また、不動産仲介店の入居者の声を直で聞いている女性営業マンの意見を取り入れるのも効果的です。

3　現代のお部屋探しの方法

スマホの時代

現在、お部屋を探そうと思ったときに、最初に利用されるのは、スマートフォンの割合が高いです。スマートフォンであれば、通勤中の電車の中や、立ち寄ったカフェなどで、簡単にお部屋を探すことができます。

しかし、スマートフォンで契約まで済ませることはできません。目星の物件を見つけたら、次に不動産会社に来店します。

実際に、お部屋探しをされる方が、どうやってスマートフォンでお部屋を探すのか体験してみましょう。インターネットやスマートフォンの検索の特徴や、絞り込める条件を知らないと、検索にヒットする有効な募集条件をつくることができません。

実際に検索してみること

セミナー等にご参加いただいた大家さんに、「お部屋を探したことがある方?」とご質問させていただくのですが、「ある」と答えられる方は一割にも満たないです。

まず、実際に、スマートフォンやインターネットを使ってお部屋探しをしてみます。家賃が5、000円刻みで検索できるとか、検索できる条件に何があるのかなど、実際に検索してみないとわからないことがあります。

もしかすると、大家さんが「これは自分の物件の売りだ！」と思っているものが、検索条件になく、全く意味がない可能性があります。逆に、検索条件に当てはまる項目をたくさん盛り込んでリフォームすれば、検索でヒットしやすくなるともいえます。

特徴を知ってこそ、検索にヒットしやすい武器をつくることができます。

不動産の三大ポータルサイト

インターネットやスマートフォンで検索するためのインターネットの不動産ポータルサイトはたくさんありますが、中でも、ＳＵＵＭＯ、ＨＯＭＥ'Ｓ、アットホームが、三大不動産ポータルサイトといわれています。

この三大不動産ポータルサイトには、それぞれ特徴や便利なサービスがありますので、その一部をご紹介します。

リクルートが運営するＳＵＵＭＯ

２０１５年1月、検索条件に【ＤＩＹ賃貸】が追加されました。

オーナーレポートというサービスがあり、『周辺相場レポート』『設備レポート』で、周辺物件と比較することができます。募集条件を決める際の参考やリフォームプランを立てる際の参考にできます。

また、検索率も出るので、募集後に条件を見直す際の参考にすることが可能です。

ただし、このオーナーレポートは、大家さん自身で直接見ることができないので、仲介をお願いしている不動産会社さん経由でお願いすることになります。

・SUUMOオーナーレポート　https://business.suumo.jp/chintai/lineup/ownerreport.html

SUUMOのこだわり項目だけでもこんなにある

SUUMOのこだわり項目だけでも、図表3のような種類があります。

もし、この項目を知っていて、該当する設備が多くあれば、検索にヒットするということです。

【図表３　ＳＵＵＭＯのこだわり項目】

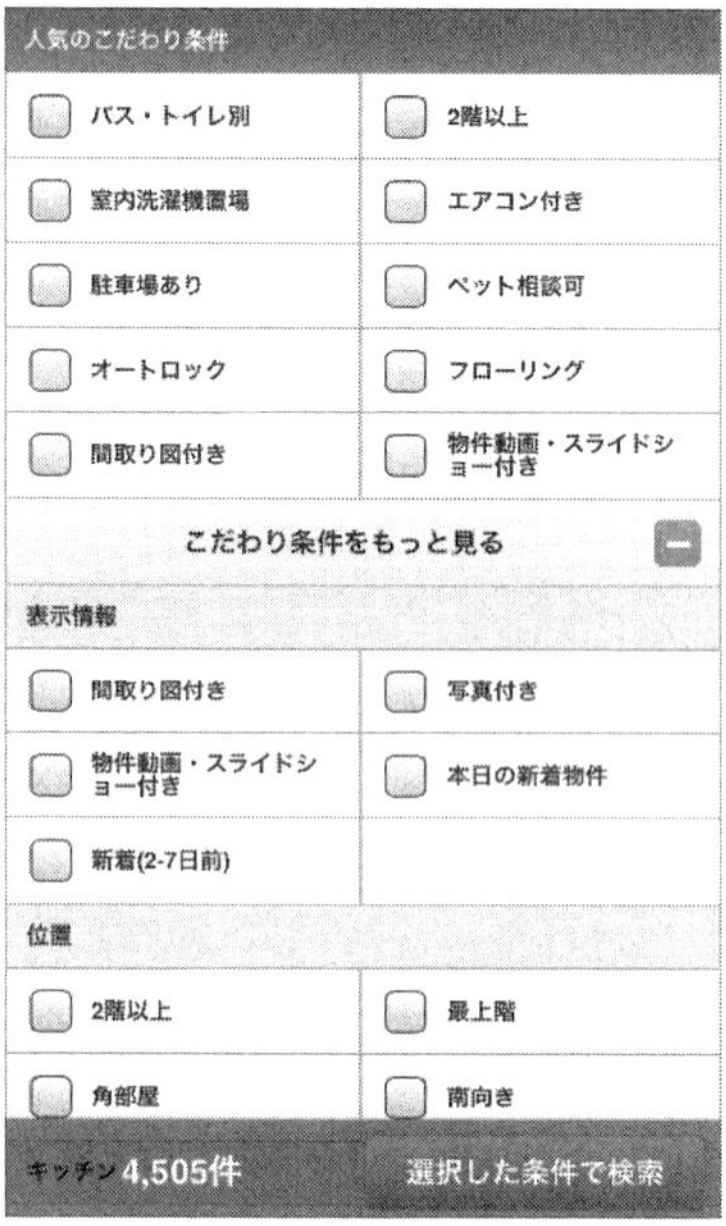

出所：SUUMOアプリ

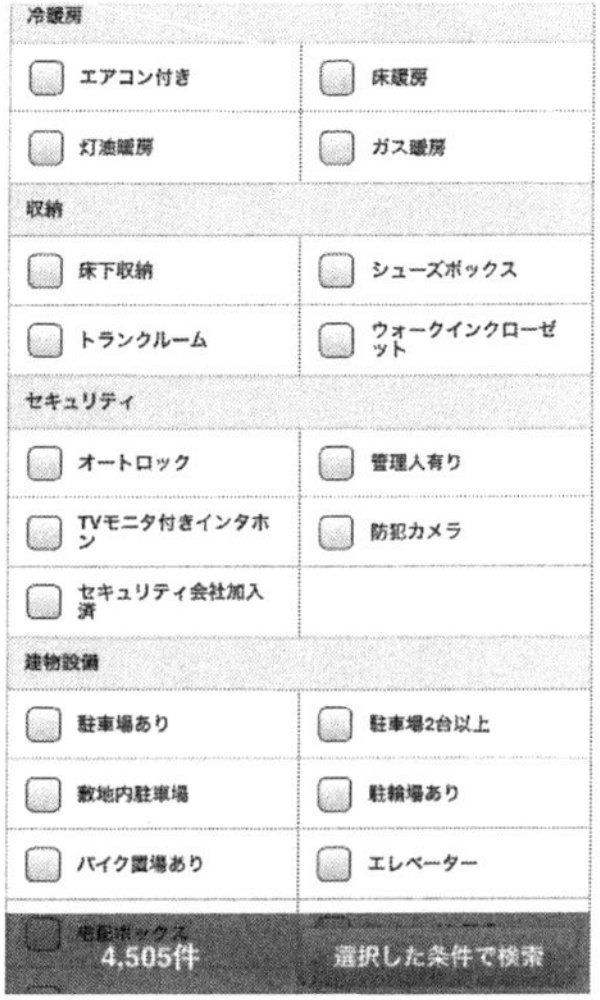
冷暖房
エアコン付き
床暖房
灯油暖房
ガス暖房
収納
床下収納
シューズボックス
トランクルーム
ウォークインクローゼット
セキュリティ
オートロック
管理人有り
TVモニタ付きインタホン
防犯カメラ
セキュリティ会社加入済
建物設備
駐車場あり
駐車場2台以上
敷地内駐車場
駐輪場あり
バイク置場あり
エレベーター
4,505件
選択した条件で検索

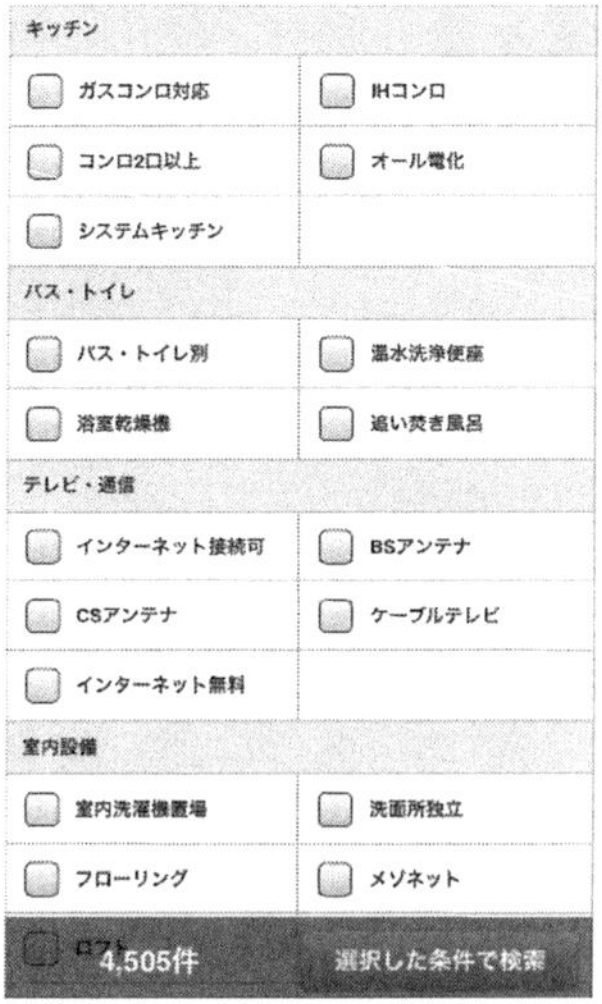
キッチン
ガスコンロ対応
IHコンロ
コンロ2口以上
オール電化
システムキッチン
バス・トイレ
バス・トイレ別
温水洗浄便座
浴室乾燥機
追い焚き風呂
テレビ・通信
インターネット接続可
BSアンテナ
CSアンテナ
ケーブルテレビ
インターネット無料
室内設備
室内洗濯機置場
洗面所独立
フローリング
メゾネット
4,505件
選択した条件で検索

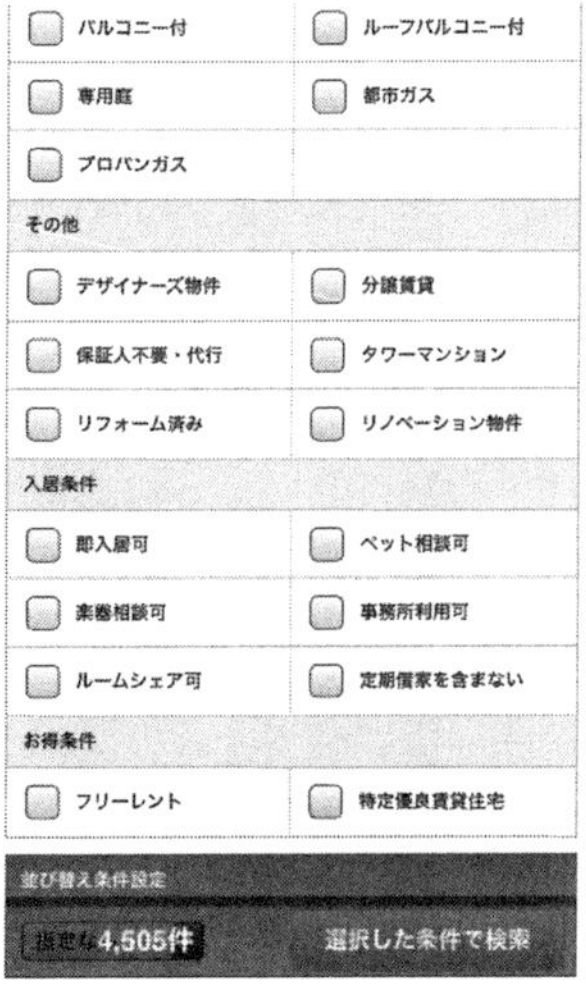
バルコニー付
ルーフバルコニー付
専用庭
都市ガス
プロパンガス
その他
デザイナーズ物件
分譲賃貸
保証人不要・代行
タワーマンション
リフォーム済み
リノベーション物件
入居条件
即入居可
ペット相談可
楽器相談可
事務所利用可
ルームシェア可
定期借家を含まない
お得条件
フリーレント
特定優良賃貸住宅
並び替え条件設定
4,505件
選択した条件で検索

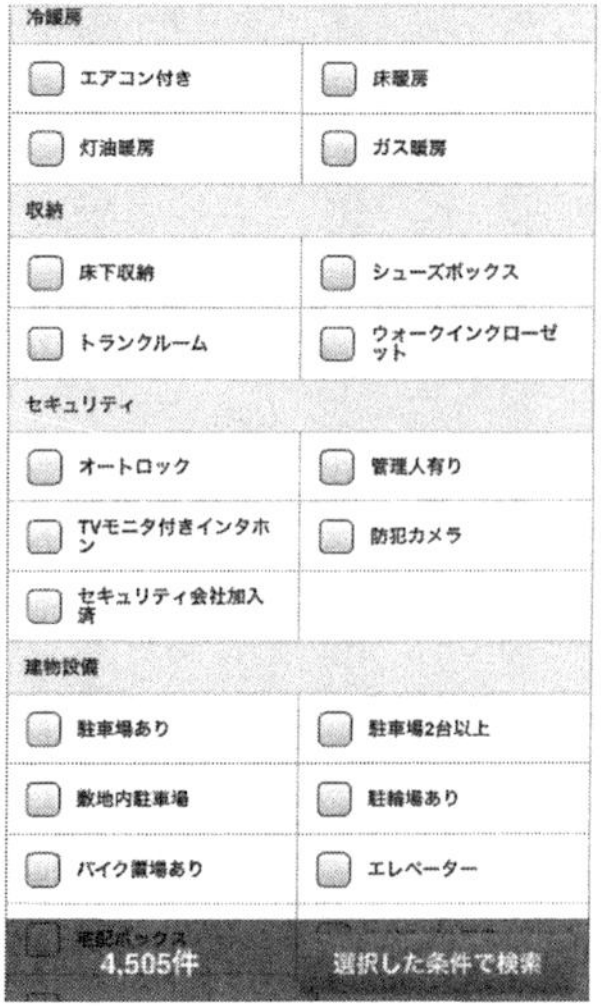
冷暖房
エアコン付き
床暖房
灯油暖房
ガス暖房
収納
床下収納
シューズボックス
トランクルーム
ウォークインクローゼット
セキュリティ
オートロック
管理人有り
TVモニタ付きインタホン
防犯カメラ
セキュリティ会社加入済
建物設備
駐車場あり
駐車場2台以上
敷地内駐車場
駐輪場あり
バイク置場あり
エレベーター
4,505件
選択した条件で検索

日本最大級の不動産・住宅情報サイトHOME'S

HOME'Sには、不動産アーカイブというサービスがあります。これは、日々インターネット等を介して発信される不動産情報を、過去から現在にわたって集積・統合してつくられた不動産ストックデータベースで、募集を行っていない不動産の閲覧も可能なため、募集条件の相場を知ることができます。

参考坪賃料を見ることができるので、家賃を決める際には便利です。

・HOME'S不動産アーカイブ　http://archive.homes.co.jp/

【図表4　HOME'Sの不動産アーカイブ】

出所：HOME'Sホームページ

見える賃貸経営

HOME'Sには、もう一つ便利なサービスがあります。それが、「見える賃貸経営」です。

この見える賃貸経営では、アパート・マンション経営に役立つ不動産市場分析・空室率情報が掲載されており、全国の空室率・家賃相場などを簡単に調べることができます。

・見える賃貸経営　http://toushi.homes.co.jp/owner/

4　部屋を探す時点で絞られていること

エリア

極端な話、東京と名古屋で部屋を探す人はいません。

通常、具体的に、名古屋市中区だとか、地下鉄栄駅周辺など、エリアを絞ってからお部屋を探します。

間取り

家族構成等により、おおよそ決めてから探します。一人暮らしだから１R、新婚さんやDINKS（子供を持たない夫婦）などであれば１LDK、夫婦と子供二人なら３LDKか４LDKなどと決めてお部屋を探します。

家賃

通常、入居者さんの収入によって、予算を決めてからお部屋を探します。家賃10万円の予算でお部屋を探されている方が、20万円のお部屋を契約されることはまずありません。

5　内見に行くまでの流れ

不動産仲介店へ来店

気になる物件が見つかると、不動産屋さんの店舗に来店してお部屋を紹介してもらい、実際に内見に行くことになります。

ここで、入居希望者さんが気になっていた、物件や探しているお部屋の条件を話して、いざ内見となるわけです。

しかし、ここで、またチャンスです。営業マンが、オススメ物件ということで、元々入居希望者さんが気に入っていたお部屋プラスαで、大家さんのお部屋を紹介してもらえる可能性があるのです。

いざ、内見スタート

不動産仲介店さんでピックアップしたお部屋の内見にスタートです。

平均して3件、多い方だと1日に10件近くお部屋を内見されます。たくさんのお部屋を内見したらどうなると思いますか。

きっと私だったら、同じエリアで同じような間取りのお部屋をいくつも見たらイヤになりますというのは冗談ですが、どの物件がどれだったのか、きっとわからなくなってしまいます。

案内表をお部屋に置いておく

いつ、どこの業者の、どの担当者が内見に来ていただけたのかを記録する用紙をお部屋に用意しておきます。

その用紙を置くことにより、反響があるのかないのかの確認ができます。

また、内見があっても申込みに至らなかった場合、業者名と担当者名がわかれば、反響営業ができ、問題点を探ることができます。

【図表５　案内表の例】

＊＊＊＊＊＊＊＊＊＊＊号室　御案内表

お手数ですが、ご案内の際ご記入お願いします。

	日付	御社名	担当者	連絡先
1				
2				
3				
4				
5				
6				
7				
8				
9				
10				
11				
12				
13				
14				
15				
16				
17				
18				
19				
20				

6　印象に残るお部屋づくり

同じようなお部屋をいくつも

お部屋を探すとなると、中には1部屋だけ見て決める入居者さんもお見えになりますが、多くの場合は複数のお部屋を見てから入居を決めます。

1日に同じような間取りのお部屋をいくつも見ると、どのお部屋がどの物件だったのかわからなくなってしまいます。

インパクトのあるお部屋

アクセントクロスや、時にはキッチンにインパクトのある色のフィルムを貼るなどして、記憶に残るお部屋をつくります。

物件名を覚えていなくても、「赤いキッチンのお部屋」というふうに覚えていただいても何ら支障はありません。

逆に、個性のないお部屋で、記憶に残らないことのほうがデメリットとなります。

ただ、インパクトがあるからといって、コンセプトのない奇想天外なお部屋をつくるのは問題です。

具体的なお部屋づくりについては、第3章・第4章で書かせていただきます。

同一物件に複数空室がある場合

同一物件に複数の空室がある場合、同じ部屋をいくつもつくるのではなく、複数パターンのお部屋をつくります。

例えば、和室のあるお部屋と洋間改装したお部屋、アクセントクロスを貼ったお部屋とアクセントクロスを貼っていない少し家賃が安いお部屋などのようにします。

そうすることで、同一物件内でお部屋を比べて、選択して入居いただける可能性が出てきます。

7　営業マンを味方にしよう！

営業マンは仲人さん

入居者と物件の出会いは、いわばお見合いみたいなものです。

たくさんいる女性（入居者さん）に、数ある男性（お部屋）をご紹介して、さあ結婚（契約）！

営業マンは、いわば仲人さんです。ならば、いい仲人さん（営業マン）を味方につけていい女性（入居者さん）を紹介してもらいましょう。

営業マンがカードを握っている

来店した入居希望者さんに条件を聞いて、ご紹介するお部屋は、営業マンの手に握られています。どのお部屋をご紹介するか？

営業マンが記憶しているお部屋、気に入っているお部屋、懇意にしている大家さんのお部屋。営業マンに知られていないお部屋や嫌われている大家さんのお部屋は紹介されません。

ちなみに、営業マンに嫌われるのは、「でしゃばる大家さん」だそうです。営業マンには、それぞれ独特の営業ペースがあり、できる営業マンになればなるほど、それは確固たるものとなります。もし、内見の際、大家さんがうろちょろしたり、ましてや営業スタイルに文句を言おうものなら、営業マンのやる気が削がれてしまいます。

家賃の値下げ交渉がきたら

仲介店さんから値下げ交渉の連絡がありました。さて、あなたならどうしますか。

「契約取りたいから値下げなんて言ってきやがって」

そんなこと思わないでください。

その営業マンさんは、大家さんの味方で、入居を決めてくれようと必死なんです。

無理な値下げに応じる必要はありませんが、まずお話を聞いてみましょう。

値下げをするということは、仲介店さんの取り分も減るわけですから、仮に5、000円値下げをして、広告宣伝費２か月・仲介手数料半月だったとすると、仲介店さんの取り分も１２，５００円減るわけです。

値下げして欲しい理由や、この人を入居させたい理由などを聞いてから判断しても遅くないはずです。

このチャンスを逃して、何か月も空室になった場合の機会損失を考えると、優良な入居者さんであれば、少し値下げしても早く入居していただいたほうが結果よかったなんてことにもなりかねないので、値下げ交渉の連絡がきたら、落ち着いて対応をしましょう。

あなたに住んでいただきたいという熱意を伝える！

２組の方が同時に同じ部屋を気に入った場合、当然、先に申込みしていただいた方が優先です。では、複数の空室があった場合、そのうちの一部屋を同時に気に入った方がお見えになっても、やはり先に申込みをされた方を優先し、もう一人には諦めてもらいますか？

そこで、諦めたら大家さん失格です。せっかくお部屋を気に入っていただける方にめぐり合ったわけですから、「お部屋を気に入っていただけて、ご契約いただけるのでしたら、○号室が空いていますので、そちらを気に入っていただいた○号室と同じようにリフォームさせていただきますのでいかがですか？　アクセントクロスをお選びいただいてもいいですよ」と打診します。

これなら、せっかく申込み一歩手前まで頑張っていただいた営業マンも報われます。

できる営業マンとお付合いする

入居を決めるためには、できる営業マンとお付合いすることです。できる営業マンを見分けるのは簡単、約束を守ってくれて、お願いしたことに対して迅速に対応してくれるかどうかで判断します。

これができない営業マンは、契約も決められません。

逆に、できない営業マンは、入居が決まらない理由を並べる営業マンです。決まらない理由は、もちろん重要なのですが、そこをどう改善やフォローをしていくのか提案ができるかが重要です。

8　ファンづくりの方法

お部屋を知ってもらう

どんなにいいお部屋（商品）をつくっても、それを知っていただかなければ入居は決まりません。

つまり商品のプロモーションをするということです。

では、どうやって知ってもらうのか？

不動産仲介店の営業マンや管理会社を呼んでのリフォーム見学会を開いたり、内見を増やす方法を考えることです。

まず誰に知ってもらうか

まずは、不動産仲介店の営業マンです。営業マンは、大家さんのお部屋を売ってくれる大切なパートナーです。

そのパートナーである営業マンに、大家さんのお部屋のファンになっていただくのが、入居を決める一番の近道です。

営業マンにアクセントクロスを選んでもらう

お部屋をつくる際にも、営業マンを巻き込みましょう。

例えば、「どのアクセントクロスならお客さんを案内しやすいですか」などと聞いて、アクセントクロスを営業マンに選んでもらいます。

当然、自分がクロスを選んだ部屋は、営業マンの記憶に残りますし、自信を持って入居希望者さんにそのお部屋を勧めてくれることに繋がります。

大家さんのファンになってもらう

営業マンだって人間ですから、仲良くなった大家さんのお部屋には、早くお客さんを付けたいと思ってくれます。

もちろん、会社によっては禁止されているところもあるでしょうが、大家さんの中には営業マンと一緒に食事に行ったり、ゴルフをしたりして仲良くされている方もお見えになります。

考えてみれば、大家さんの商品を売ってくれる大切な営業マンですから、接待をしてもおかしくないとも考えられます。

9　内見時ＮＧなこと

悪臭のするお部屋

空室が長く続くと封水（排水口に溜まっている水）が蒸発してしまい、配管から悪臭がします。時には虫が出てくることもあります。

物件が近くにあるのであれば、時々水を流したり、換気をしたりしましょう。また、最近は、封水の蒸発防止剤などもありますので、活用しましょう。

ほこり

空室でも、知らない間に、床に砂埃などがたまります。いくらスリッパなどを置いておいても、砂埃などが溜まっていると歩いた跡がついてしまいますので、時々ペーパーモップなどを掛けて、砂埃などが溜まらないように心がけましょう。

玄関ポストのチラシ

玄関ポストにチラシや前の入居者の郵便物が入っていたり、ましてや玄関にチラシが散乱していると、せっかくお部屋をきれいにしていても台無しになってしまいます。投函不要のシールを貼るなどして、チラシ等を投函されない工夫をします。

入居が決まったらリフォームする

退去してすぐにお部屋を内見していただく場合は仕方がないのですが、退去して何か月も経っていたり、複数空室があるのに1部屋もリフォームしていないのは厳禁です。

例えば、複数の空室があるのであれば、最低2パターンのお部屋をつくって両方見てもらえば、もしかすると同一物件内の２つのお部屋が入居したい候補にあがったり、その2部屋の中だけでお部屋を選んでいただける可能性もあります。

10　共用部の重要性

共用部清掃

とかく室内に目が行ってしまいますが、エントランスや共用廊下が汚れていては台無しです。共

【図表6　共用部の清掃】

用部清掃にも心がけましょう。

また、共用部に他の入居者さんの荷物や残地物があるのも、印象が悪くなりますので、撤去してもらうようにしましょう（図表6参照）。

駐輪場

駐輪場に壊れた自転車など放置自転車が置いてあるのも印象が悪くなるので、定期的に確認して放置自転車などもない状態にしておきます。

ポスト

集合ポストが歪んでいたり、中身があふれていたり、周辺にチラシが散乱しているとかなりイージが悪くなるので、チェックしておきます（図表7参照）。

【図表７　集合ポストのチェック】

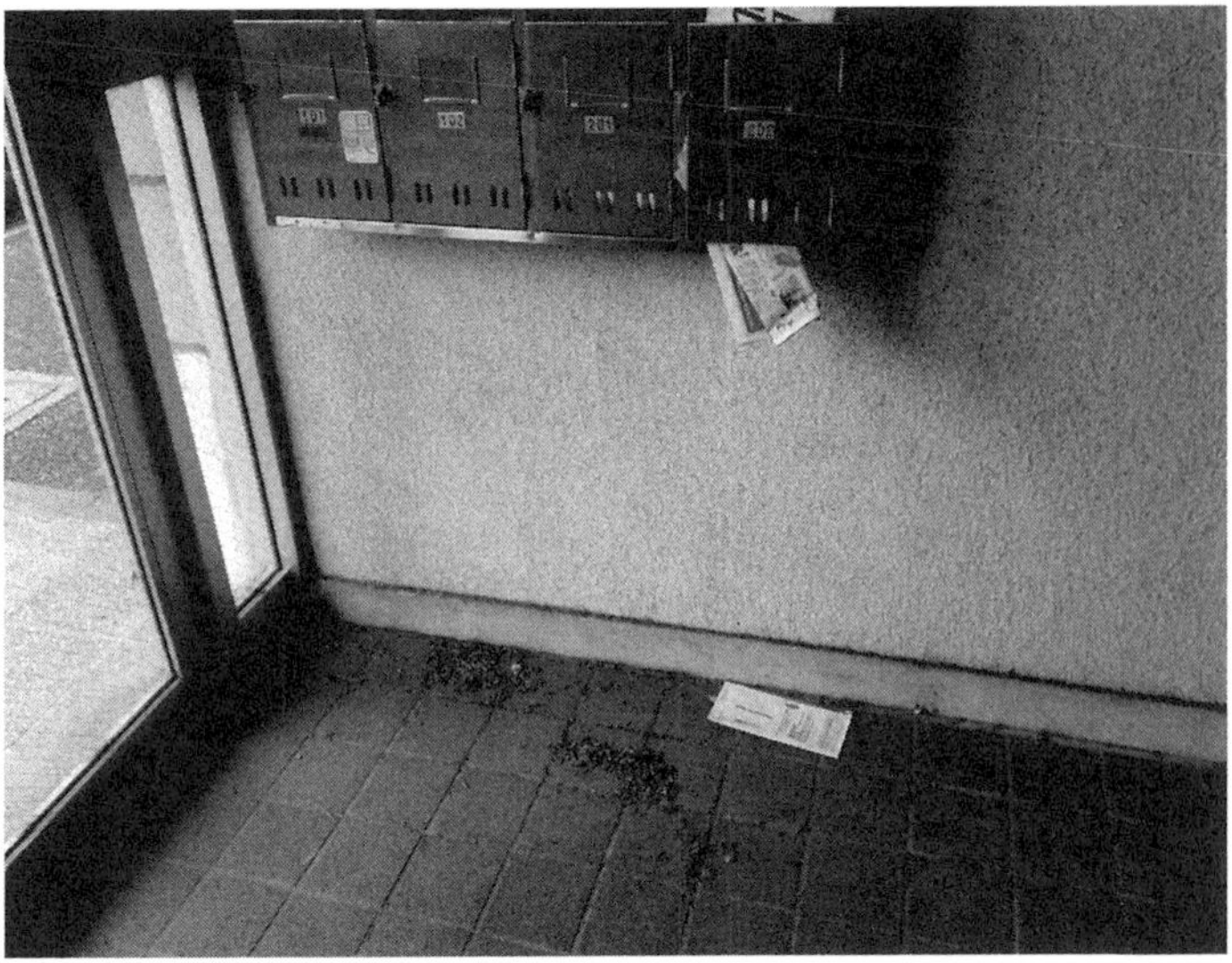

張り紙

時々共用部で手書きの大量の注意文の張り紙がある物件を見かけます。

あれは気分がいいものではありませんし、「大家さんがうるさいのかな?」、それとも「入居者さんのマナーが悪いのかな?」と疑われかねません。

注意文を配付する際は、必ず入居中のお部屋のみに配付をし、掲示するのは掲示板のみとします。

掲示板

掲示板に変色をしたり破れた掲示物が貼ってあると、「管理がきちんとされてないのでは?」と疑わざる得えません。

掲示物も適宜撤去や交換をしましょう。

また、掲示板自信も傷んできたら交換し

ます。

第一印象は重要

アメリカの心理学者アルバート・メラビアンが1971年に提唱したメラビアンの法則を物件に置き換えて考えてみましょう。

物件（人）の第一印象は、瞬間的に判断され、その判断の割合は、共用部（外見）が55パーセント、室内（話し方）で38パーセント、条件（話の内容）は7パーセントです。そして、物件（相手）を受け入れる前に4つの壁が存在し、これは入居（対人関係）の壁ともいえます。

第1の壁、真っ先に判断されるのが共用部（外見）です。「ボロは着てても心は錦」という言葉もありますが、いくら室内（人間性）がよくても、初対面だと入居者さんに受け入れてもらうのは困難になります。

お部屋探しの場合、条件の合わない物件は、最初から内見には来ていただけませんので、内見に来ていただけた場合には、共用部の第一印象が室内と同じくらい重要な割合を占めていると考えても過言ではありません。

室内のリフォームばかりに意識が向いて、共用部のことが蔑ろになっていないか、今すぐチェックしてください。

第2章　おもてなしの空室対策！

1　きれいなお部屋は当たり前

きれいなお部屋をつくるのは空室対策の50％

最近、よく「きれいにリフォームやリノベーション工事をしたのに入居が決まらない」というお話を耳にします。今の時代、どこの物件もきれいにしているのは当たり前です。

では、なぜ、きれいな物件の中で、満室と空室の差があるのでしょうか。

① どんなによい商品（＝物件）をつくっても、その物件のよさを伝え、知っていただかなくては入居は決まりません。

できるだけ多くの人に、よい物件があることを知っていただく必要があるのです。物件の宣伝をしていますか。

② どんなにいい商品（＝物件）をつくっても、その価格（＝家賃）がその物件に見合ったもの、できれば割安感がなければ入居は決まりません。物件に割安感はありますか。

バランスが大切

入居が決まるかどうかは、部屋・募集条件・営業です。どれかの比重が高すぎても、どれかの比重が低すぎても決まりません。

その三点に、バランスよく比重がかかったときに入居が決まります。

きれいな部屋をつくったのに入居が決まらない多くの場合、部屋のみに注視し過ぎて、募集条件か営業が足りないことが要因です。

設備とサービス品

「設備とサービス品の違いをご存知ですか」セミナー等でお伺いすると、意外にご存じない大家さんが多いです。

具体的に説明すると、次のようになります。

①　設備
お部屋の設備としてエアコンをつけたりすると、万が一故障した際には大家さん負担で修理する必要があります。

②　サービス品
入居促進として照明器具を設置した、ガスコンロを設置したなどという場合、サービス品という扱いにしておけば、故障した場合に大家さんは修理費用を負担する必要がありません。

おもてなしの一部として照明器具やガスコンロをサービス品して設置しておくのも、入居促進の有効な手段となります。

2　四方よしのお部屋づくり

四方よし！

四方とは、大家さん、入居者さん、不動産仲介店、リフォーム業者です。

その四方が、賃貸住宅を介して、幸せになれるようなお部屋をつくることです。

四方よしが、賃貸経営の成功の秘訣となります。

入居者さんのよしは、いい部屋にお値打ちに住めることです。いい部屋とは、快適で安全な暮らしができるお部屋です。

仲介業者のよしは、いいお部屋をお客様にご紹介できることです。ご紹介して契約いただければ、仲介手数料や広告宣伝費がいただけます。

管理会社・リフォーム業者のよしは、いいお部屋をつくり、入居者さんが見つかり、また管理やリフォームのご依頼をいただけることです。

大家さんは、物件に投資をして、いいお部屋を提供することにより、家賃という対価をいただきます。

この四方よしの概念は、図表8のとおりです。

【図表８　「四方よし」の概念】

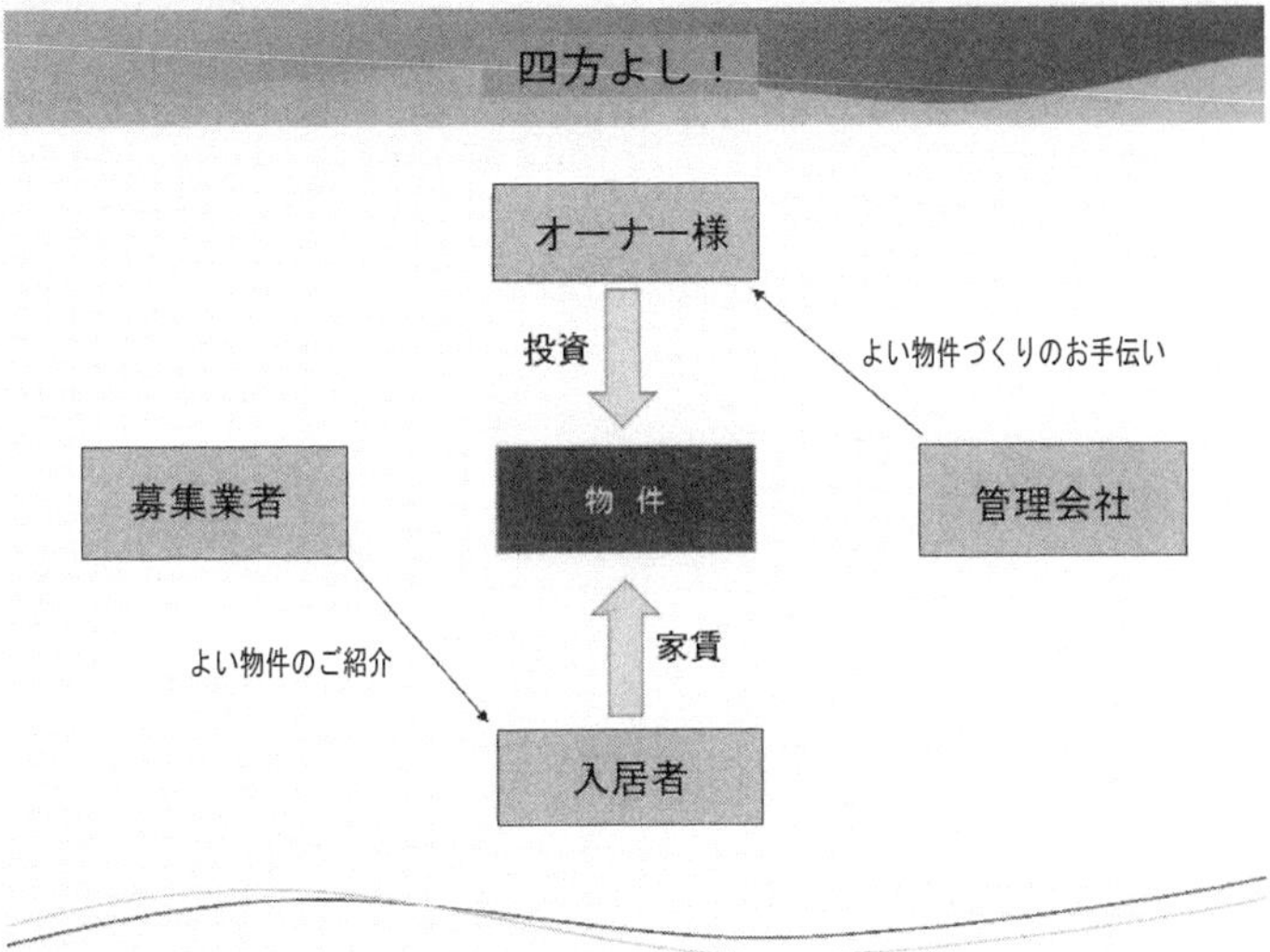

ズバリ、いい業者と悪い業者

仲介業者でいい業者は、入居が決まらない要因をはっきり言ってくれて、改善する方法を提案してくれる業者さんです。

逆に、悪い業者さんは、決まらない理由ばかりを並べて、言い訳をする業者さんです。

管理会社・リフォーム業者でいい業者さんは、特にリノベーションする際に、家賃を聞いてくれたり、工事の提案をしてくれる業者さんです。

逆に、悪い業者さんは、家賃も気にせず、わかりにくい見積りをする業者さんです。

大家さん、仲介業者、管理会社・リフォーム業者は、入居してもらうという共通の目標に向かって相談できる関係でなければなりません。

【図表９　「負のスパイラル」の概念】

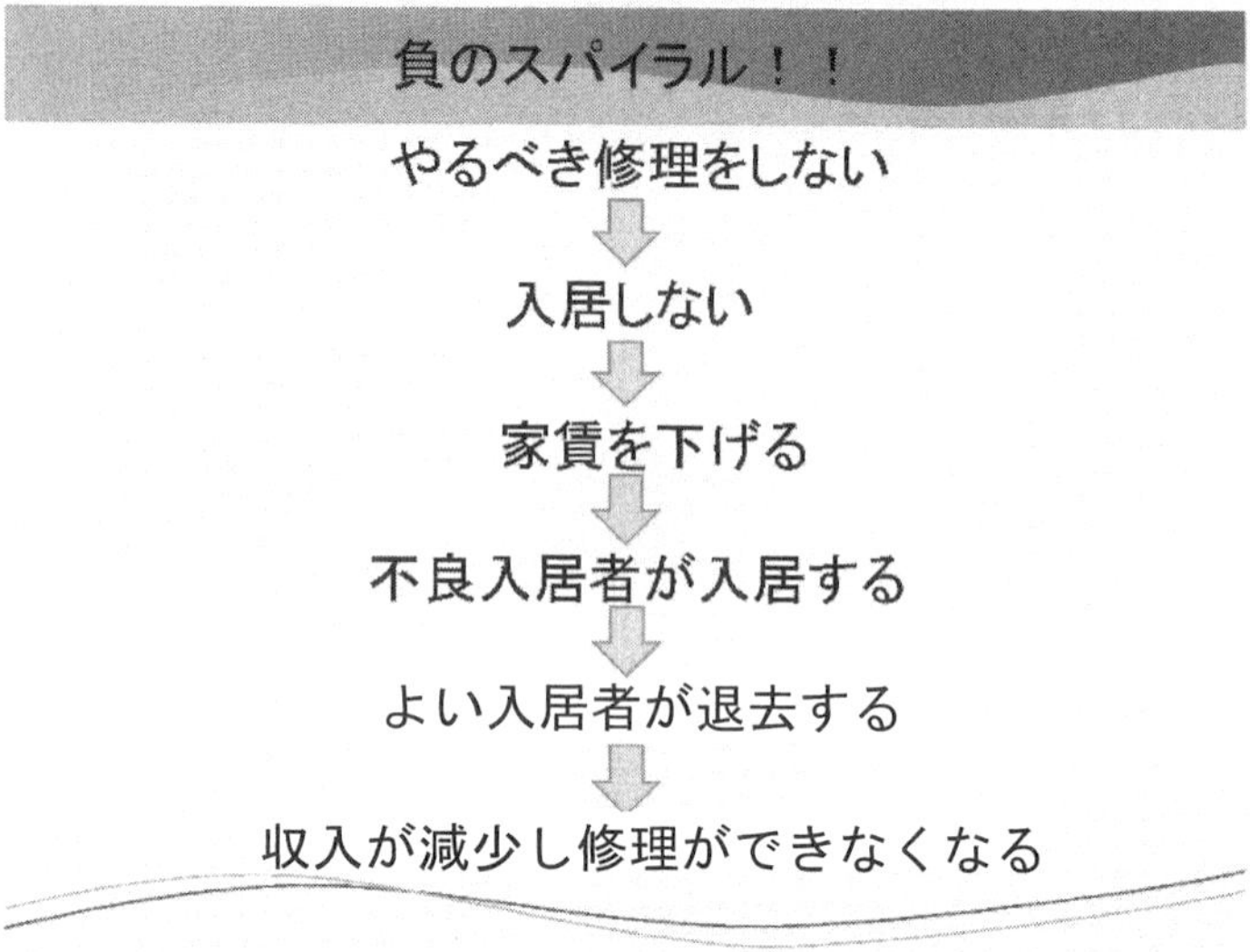
負のスパイラル！！
やるべき修理をしない
入居しない
家賃を下げる
不良入居者が入居する
よい入居者が退去する
収入が減少し修理ができなくなる

3　陥ってはいけない負のスパイラル！

負のスパイラル！

負のスパイラルの概念は、図表９のようになります。

具体的に説明すると、次のようになります。

①　大家さんが本来やらなければいけない修理やリフォームをしないので、入居が決まらない。

②　入居が決まらないので、家賃を下げて何とか入居を決めようとする。

③　家賃を下げて募集したので、生活マナーの悪い不良入居者が入居してくる。

④　徐々に物件は荒れ始め、元々入居していただいていたよい入居者さんが退去してし

まう。

⑤　さらに、空室は増えてしまい、益々収益が悪化する。

負のスパイラルに陥らない

儲けた資金を入居者さんに還元することが、負のスパイラルに陥らない最大の要因です。そしてその負のスパイラルに陥らないことが、賃貸経営の最大のカギになるともいえます。

4　オンリーワン物件

不動産で絶対変えられないのは立地！

不動産というくらいですから、絶対変えられないのは立地です。

しかし、立地が悪いことを嘆いてもしかたがありません。嘆いている暇があれば、立地以外の強みをつくればいいのです。

すなわち、コンセプトを持った賃貸住宅、特化型賃貸住宅をつくるということです。

「100人が内見して100人が無難な部屋」という部屋をつくるよりも、「100人が内見して1人がここに絶対に住みたい」といわれるお部屋づくりです。

例えば、次のような考え方を実現するのも一法です。

ペット飼育可

今や、ペットは、子どもの人数を超えている時代です。

ペットを飼いたい入居者さんの数に対して、まだまだペット飼育可能な賃貸住宅は10％にも満たない状況です。

不動産ポータルサイトでも、『ペット相談可』の項目があります。

音楽を楽しめる部屋

契約書の特約条項などに「ピアノ持込不可」と記載されていたりします。賃貸住宅では、騒音によるトラブルは非常に多いです。

防音などを備えた音楽を楽しめる部屋をつくりましょう。不動産ポータルサイトでも、『楽器相談可』の条件があります。

キャラクター部屋

ディズニーやワンピースなど、キャラクター好きの方向けのお部屋です。入居者さんが、好きなキャラクターと共に生活できる空間があったら素敵です。

ダンサーやボディビルダーが住みたいお部屋

賃貸住宅で意外とないのが、大きな鏡です。壁１面の大きな鏡があるお部屋をつくって、ダンサーやボディビルダーが住みたいお部屋はいかがですか。

物置がある物件

雪国であれば特にそうなのですが、冬場スタッドレスタイヤに変える地域は、タイヤが収納できたり、アウトドア用品を収納できる物置があると便利です。

特にタイヤは、室内に置いてしまうと、床にタイヤの跡がついてしまいますので、それを防止することもできます。

5　長期入居が最大の空室対策

収納に工夫を！

収納を他の物件より大きくしておくと、入居中に荷物が増えてくれば、収納が小さい物件には引っ越すことができなくなります。

特に、賃貸住宅ではまだウォークインクローゼットのある物件は少ないので、リノベーションす

【図表10　壁収納棚】

【図表11　ウォークインクローゼット】

る際にはウォークインクローゼットをつくるのも有効な手段です（図表10、11参照）。

その他、下駄箱の上に可動式の棚をつくったり、柱と柱の間のスペースにカウンターや可動式の棚、カウンターキッチンのカウンター上部に棚を設置するなどの工夫をします。

なお、不動産ポータルサイトの検索項目に『ウォークインクローゼット』の条件がありますので、お部屋を探す際にも効果があります。

アンケート

長く入居していると、大なり小なり不具合が発生してくることもあります。重大な不具合であれば連絡してくれるかも知れませんが、小さな不具合であれば連絡してこない入居者さんもみえます。

定期的にアンケートなどを配付し、小さな不満から退去に繋がらないように、入居者さんの声を聞きましょう。

クレーム対応は迅速に

クレームは、入居者さんの声と受け止め、迅速な対応をします。たとえ緊急性がないものだと思われる内容であっても、すぐに一報を入れて、まずは安心していただくことが一番です。

不満があって退去される多くの入居者さんは、クレームに対して放置されたと思ったことが原因です。

また、クレーム内容がどうにもできないことであったとしても、「ここまでしかできない」や、時間がかかる内容であった場合には「いつ頃の対応になる」ということを伝えましょう。
【わからないこと　↓　不安　↓　不満　↓　退去】に繋がります。

6　POPは営業マン

お部屋のよさ

お部屋のよさを一番知っているのは大家さんです。でも、すべての内見に立会いをするのは困難です。営業マンにお願いしようにも、すべての営業マンにお部屋のよさを知っていただくのは難しいですし、営業マンのスキルも違います。

POPの活用

そこで、お部屋にPOPを置いて、アピールポイントを記載しておくことで、入居者さんに伝えましょう。

ウエルカムボードを兼ねたPOPを作成し、表はウエルカムボード、裏にはアピールポイントを記載し、置いておくと便利です（図表12参照）。

ラミネート加工すれば、既存のPOPを他の同じタイプのお部屋にも再利用できるので便利です。

【図表12　アピールポイントを記載したPOP】

表面

裏面

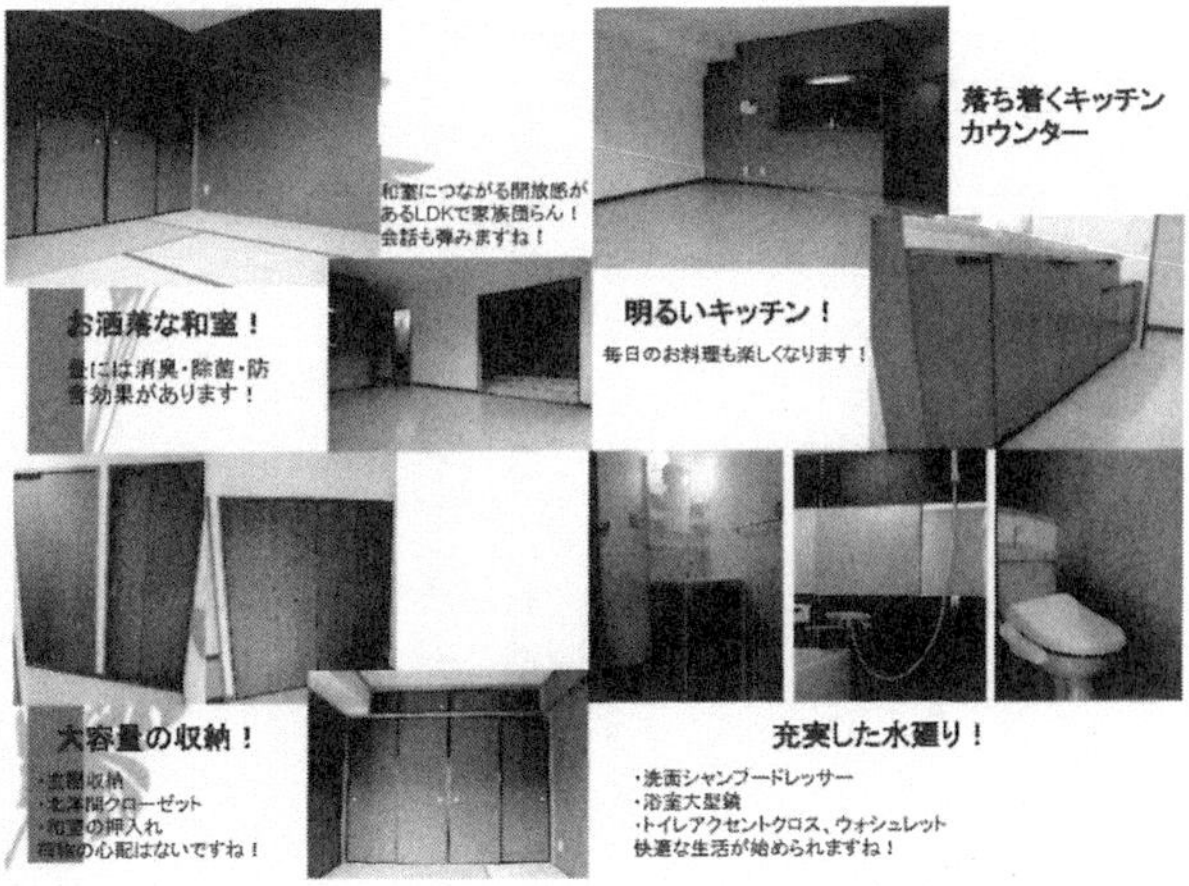

7　生活のイメージの涌くお部屋

生活のイメージ

内見にお部屋を訪れた際、何もない閑散としたお部屋では、生活のイメージが涌きません。せっかく内見にお越しいただいたお客様に、「自分がここで生活をしたら」と考えていただけるような工夫をします。

カーテンをつける、照明器具をつける、少し造花を置いてみるなど、工夫しましょう。

スケールとメモを置いておく

「もし自分がこの部屋に入居したら、荷物を置くことができるだろうか」とお客様は考えます。スケールとメモがあれば、お部屋のサイズを測って、自分の荷物が置けるかどうか、帰ってから確認ができます。

新生活で新しい家具などを購入される方であれば、お部屋のサイズに合わせてレイアウトを考え、事前に注文すること

【図表13　ベッドなどのサイズリスト】

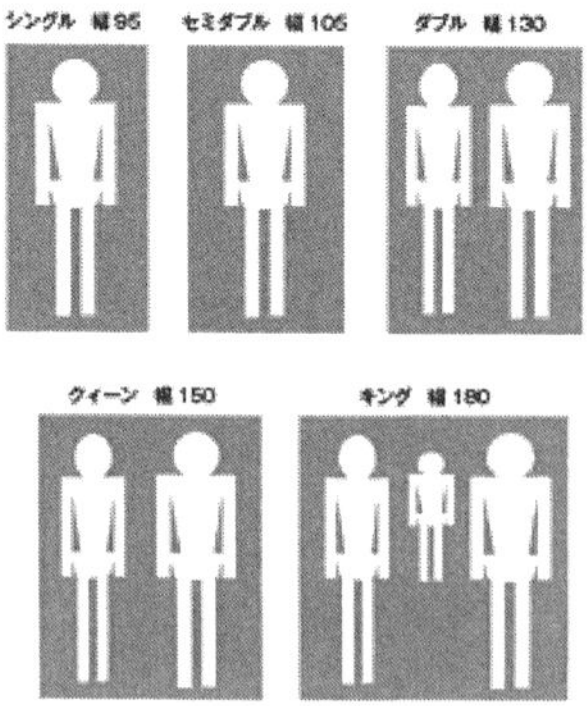

ができます。そのためには、スケールとメモは欠かせません。
ベッドなど家具のサイズリストもあると役に立ちます（図表13参照）。

モデルルームをつくる

複数空室・長期空室がある場合、モデルルームをつくってみましょう。生活のイメージを湧かせる一番の方法です。

特に、単身用の物件であれば、もしその家具・家電を気に入っていただけた場合、レンタルや買取りができる仕組みもつくります。

家具付は、家賃プラス月額５、０００円などと設定すれば、モデルルームをつくった費用も家賃と一緒に回収できますし、入居者さんにとっても新生活を始める初期費用がお値打ちにできるというメリットがあります。また、学生街でしたら、実家を離れて2年～4年生活し、その後必要かもわからない家具や家電を購入しなければいけない負担も軽減されます。

生活のイメージを湧かせるお手本

住宅展示場のモデルハウスをお手本にするといいです。
生活のイメージを湧かせるお手本だけではなく、今後のお部屋づくりのヒントもたくさんあります。

8　内見時のおもてなし

おもてなしの心をお部屋に

スリッパやウエルカムボードはもちろん、造花や芳香剤も置きましょう。芳香剤は、好みも出ますので、無香や香りが強くないもののほうがいいです。

スリッパは、汚れていない清潔感があるものを用意します。ファミリー物件であれば、お子様用も用意します。スリッパ立てや玄関マットも用意します。

周辺マップ

知らない町で新生活を始める場合、周辺に何があるのかも暮らす上では大変重要です。駅・コンビニ・学校はもちろんですが、スーパー、病院、ドラッグストアなどがわかるような周辺マップを置いておきます。その際、「ここのスーパーは何曜日が特売日」のような、地元の方しかわからないような情報も詰め込んでおくと喜ばれます。

これは、当然のことですが、ゴミ置き場の場所や資源回収の場所なども記入しておけば、入居後も役に立ちます。

あると便利な照明器具

特に、冬場の夕方や雨の日に内見に来ていただくと室内が暗くて見づらいので、できれば電気を通しておき、照明器具をつけておくと、お部屋をじっくり見ていただけますし、照明器具のついていないお部屋との差別化ができます。

おもてなしのお手本

おもてなしのお手本は、ホテルや旅館です。ホテルの真っ白できれいなシーツ、旅館ではきれいに揃えられたスリッパが置かれています。

そんなイメージで空室におもてなしをします。

9　物件のアピールポイント

アピールポイントは何ですか

「物件のアピールポイントは何ですか」この質問をすると、答えられない大家さんと、「特にないです」という大家さんが過半数を超えます。

アピールポイントも答えられない物件を入居者さんに勧められますか。

絶対何か1つはあるアピールポイント

アピールポイントは、必ず何か1つはあります。

駅に近い、近隣の同じ間取りの物件よりも面積が広い、防犯対策万全、ベランダが広い、日当たりがいいなど、例をあげるとキリがありません。入居者さんの立場に立って自分の物件のアピールポイントを見つけましょう。

どうしてもアピールポイントがないとき

それでも、どうしてもアピールポイントがないというのであれば、アピールポイントをつくりましょう。

エントランスに四季折々のお花を飾って花のあるマンション、インターネット回線を設置してインターネット使い放題のマンションなど、大家さんのアイデア次第で考えることができます。

10　本当にそれは弱みなの？

和室は本当に嫌いなの？

「和室があるから入居が決まらない」というお話をよく耳にしますが、本当に和室が原因なのでしょうか。分譲マンションや新築戸建では、ほぼ1部屋は和室があります。

確かに、全部のお部屋が和室というのは問題かもしれませんが、２ＤＫ以上の間取りで、特にＬＤＫと隣接した和室が1部屋あったとしても、それが入居が決まらない直接の原因では全くありません。

和室は、洗濯物をたたむのに、来客があって布団を敷くのに、キッチンで食事の支度をしながら子供を寝かせておくのに便利です。

また、畳には、防音効果、除菌消臭効果もあります（図表14参照）。

３点ユニットはダメ？

確かに、お風呂とトイレ別々のほうがいいという意見もありますが、一人暮らしで、お部屋には寝に帰るだけという方なら、トイレとお風呂が一緒の３点ユニットだったとしても不便はありません（図表15参照）。

ビジネスホテルの大半が3点ユニットですが、何か支障があるでしょうか。3点ユニットであれば、生活導線も短くて住みますし、掃除をする箇所も減るなど、それなりにメリットがあります。

もし、現状が3点ユニットだからといって、高い費用をかけて、居住スペースを狭くしてまで、トイレとお風呂が別々のセパレートにリフォームしても、家賃が上げられるわけでもありません。

それならば、３点ユニットでも気にしないターゲットを狙って、トイレ・お風呂が別々の物件よりも少し家賃を下げて募集したほうが、効果的な空室対策になります。

【図表 14　和室】

【図表 15　３点ユニット】

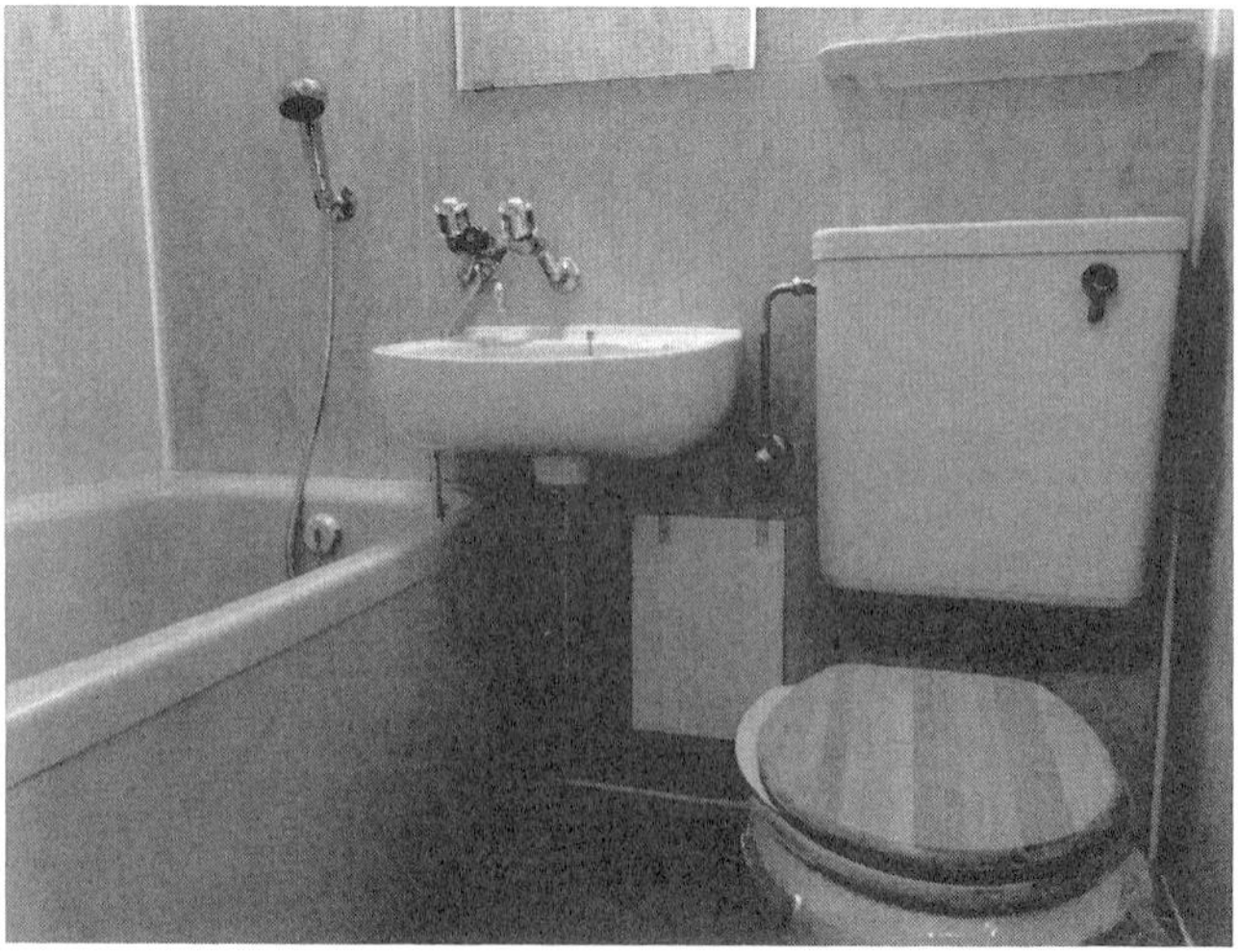

１階は人気がないというけれど

1階は、防犯上などから考えて、どうしても2階以上のお部屋より不人気といわれています。しかし、特に、エレベーターのない物件であれば、逆に1階のほうが便利です。買い物をしてきて荷物を運ぶときや、小さなお子さんがいたり、ご年配の方なら1階を好まれる方もお見えになります。

あえてこの1階を武器にして、「1階だから買い物帰りに荷物を運ぶのも楽々！」なんてマイソクに記載しておくのもいいでしょう

また、最初から1階には、ガラスに防犯フィルムを張ったり、防犯ガラスにしたり、セキュリティーシステムを導入するなどして、事前に「1階でも防犯対策万全！」などとマイソクなどに記載しておくのも効果的です。

2階建てのアパートであれば、夏は2階と比較して1階のほうが涼しいので、これもＰＲポイントになります。

しかし角部屋は…

一般的には、角部屋が人気があるといわれています。確かに、角部屋は、片方しか他の部屋に接しておらず隣室にも迷惑になりにくい、３面もしくは2面窓がついていれば日当りもいいです。

しかし、逆に結露が発生しやすい、部屋が夏暑く・冬寒くなりやすいのです。

結露は、本来、外気温と内気温の差で発生します。つまり、角部屋は、外気に接している面が中

【図表16　結露】

部屋より多いので結露が発生しやすいと考えられます（図表16参照）。

また、中部屋ですと上下左右の部屋の冷暖房により比較的外気温の影響を受けにくいので、夏場・冬場に空部屋を訪問してみると中部屋と角部屋の気温差は明らかです。

「結露」は、なかなか書きづらいですが、「中部屋ですので外気温の差を受けづらく、冷暖房費が節約できます」とマイソクに書くのもいいです。

なお、特に石油ストーブを使用すると、燃焼した灯油とほぼ同じ量の水分が発生するために、結露が発生しやすくなります。

以前、結露が多く発生したことがある部屋には、エアコンを設備として取り付けるなどの対策をしておいたほうが入居後のクレームを防ぐためには有効です。

第3章　退去立会いを知る！

1　原状回復のガイドラインとは

ガイドラインとは

民間賃貸住宅における賃貸借契約は、いわゆる契約自由の原則により、貸す側と借りる側の双方の合意に基づいて行われるものですが、退去時において、貸した側と借りた側のどちらの負担で原状回復を行うことが妥当なのかについてトラブルが発生することがあります。

そこで、国土交通省が、民間賃貸住宅で退去時における原状回復をめぐるトラブルの未然防止のため、賃貸住宅標準契約書の考え方、裁判例や取引の実務等を考慮のうえ、原状回復の費用負担のあり方について、妥当と考えられる一般的な基準をガイドラインとして平成10年3月に取りまとめました。

平成16年2月、平成23年8月には、裁判事例とQ＆Aの追加などの改訂を行っています。

ガイドラインの利用にあたって

本来、ガイドラインは、賃貸借契約締結時に参考にするものです。

既に賃貸借契約を締結されている場合は、一応、現在の契約書が有効なものと考えられますので、契約内容に沿った取扱いが原則ですが、契約書の条文があいまいな場合や、契約締結時に何らかの問題があるような場合は、ガイドラインを参考にしながら話合いをします。

退去時のトラブルを未然に防ぐために

原状回復の問題は、賃貸借契約の「出口」、すなわち退去時の問題と捉えられがちですが、これを「入口」、すなわち入居時の問題と捉え、入退去時における損耗等の有無など、物件の状況をよく確認しておくことや、契約締結時において、原状回復などの契約条件を当事者双方がよく確認し、納得したうえで契約を締結するなどの対策を的確にとることが有効です。

また、室内の状態においても、入居立会いをしたり、もしできないのであれば、入居当時のキズの有無や内装の交換状態などを、双方に書面で残すことで未然に防ぐことができます。

ご縁があって入居いただいていたのに、退去時に不愉快な思いを残すのは切ないものです。

2　退去立会いとは

退去立会い

退去立会いは、入居者の荷物がすべてなくなった状態で、鍵の受渡しとお部屋の確認をするものです。お部屋の毀損を確認するものと思われがちですが、できるだけその部屋で生活をされていた入居者さんに立ち会っていただき、入居中に設備の不備はなかったか、住み心地はどうだったのか、何が設備されてあるとよかったのかなどをヒアリングする絶好のチャンスです。

アンケート用紙を作成して、転居先についてどんな設備が欲しかったかなどをヒアリングすることもできます。

退去立会いで確認すべきこと

まず、ライフライン（水道・電気・ガスなど）の停止手続や郵便物の転居届を出されているかなどを確認しましょう。郵便物の転居届は、郵便局でもらうことができますので、退去立会いの際に持参して、提出されていないようであれば渡してあげると親切です。

また、最近では、ダイレクトメールなどは、郵便ではなく、宅急便会社のメール便で届く可能性もあるので、メール便に関しては、できる限り発送元に連絡をして転居の手続をしてもらいます。

お部屋に残置物がないか、設備を間違えて持っていっていないかも合わせて確認します。キッチン扉に収納してある包丁や洗面台の下の荷物は、意外に忘れがちなので必ず確認をします。

さらに、自転車についても忘れていないかを必ず確認してください。

エアコンスリーブのキャップや、洗濯パンの排水口のエルボは、ホースにつなげて持っていってしまわれるケースがあるので、ついているかしっかり確認します。

また、電気・水道は、できれば退去立会いのときまで使えるようにしてもらって、電気の点灯確認や換気扇などの動作確認、水漏れの有無を確認します。

退去立会いの時間帯

極力、日中の太陽が沈むまでの時間でしてもらいます。いくら電気がついても、どうしても明るい時間帯に比べると見落としてしまう箇所が出てくるからです。

残地物の取扱い

エアコンや照明器具を残地していく入居者さんがお見えになりますが、この取扱いには注意が必要です。中には、残地されていたエアコンが、実は故障していて使えなかったケースもあります。万が一、エアコンや照明器具の残地を許可する場合には、必ず正常に使えるかを確認し、次の募集ではサービス品として取り扱い、「故障した場合は入居者負担にて交換する」ことを契約の時点で明記しておくことが必要です。そうしておかないと、故障した場合の責任が不明確になってしまいます。

退去立会いの最も重要な目的

退去立会いは、入居者さんの粗《あら》を探したり、単に修理見積りをすることが目的ではありません。

原状回復工事のみで次入居ができるのか、プチリノベーションでアクセントをつければ入居が決まるのか、本格的にリノベーション工事をしないと次入居が決まらないのかの判断が目的です。

また、退去立会いを管理会社やリフォーム業者に委託する場合には、ただ工事見積りを作成するだけの業者ではなく、次入居が決まりやすい工事提案等をしてくれる業者にお願いします。

設備器具の点検

エアコンやガスコンロといった設備器具は、耐用年数を超えていた場合、次入居してから故障すると重大なトラブルになりかねませんので、退去立会いの際にそういった設備器具の点検をすることも重要です。

なお、物件台帳などを作成して、設備器具などのメーカーや型番、製造年月などを記録しておくと、交換の目安が判断できたり、故障などのクレームがあった際に迅速な対応が可能となります。

原状回復でトラブルにならないために

折角ご縁があってご入居いただいた入居者さんと退去の際トラブルになるのは、お互いに気持ちがいいものではありません。

トラブルにならないためのポイントは、次の2つに集約できます。

① 契約時にしっかり原状回復や特約条項の内容をしっかり理解してもらっているか。

② 原状回復工事の見積内容をきちんと説明して承諾をいただけるか。

3 原状回復工事とは

そもそも原状回復って？

「賃借人の居住、使用により発生した建物価値の減少のうち、賃借人の故意・過失、善管注意義務違反、その他通常の使用を超えるような使用による損耗・毀損を復旧すること」とガイドライン上では定義されています。

原状回復工事のみでいい場合

クリーニングや、クロス貼替、畳の表替えなど、比較的軽微な工事で次入居していただけそうな場合は、原状回復工事のみ実施します。概ね、築10年未満の場合や入居期間が短い場合には、原状回復工事のみで問題ありません。

ただし、この場合も、設備点検、パッキンや電球等の消耗品の交換は、必ず実施します。

内見時や入居されてすぐに水漏れや電球切れなどがあると、やはり気分がいいものではありません。

施工単位

原状回復は、毀損部分の復旧ですから、可能な限り毀損部分に限定し、その補修工事は、できるだけ最低限度の施工単位を基本とします。

毀損部分と補修を要する部分とにギャップ（色あわせ、模様あわせなどが必要なとき）がある場合の取扱いについては、一定の判断基準があります。

経過年数

賃借人の故意や過失によって建物を毀損して賃借人が修繕費を負担しなければならない場合であっても、建物に発生する経年変化・通常損耗分は、既に賃借人は賃料として支払ってきているので、明渡し時に賃借人がこのような分まで負担しなければならないとすると、賃借人は経年変化・通常損耗分を二重に支払うことになってしまいます。

そこで、賃借人の負担については、建物や設備等の経過年数を考慮し、年数が多いほど負担割合を減少させることとするのが適当です（図表17参照）。

経過年数による減価割合については、本来は個別に判断すべきですが、ガイドラインは、目安として、法人税法等による減価償却資産の考え方を採用することにしています。すなわち、減価償却資産ごとに定められた耐用年数で残存価値が1円となるような直線（または曲線）を描いて、経過年数により賃借人の負担を決定するようにするのがガイドラインの考え方です（図表18参照）。

【図表 17　損耗・毀損の区分】

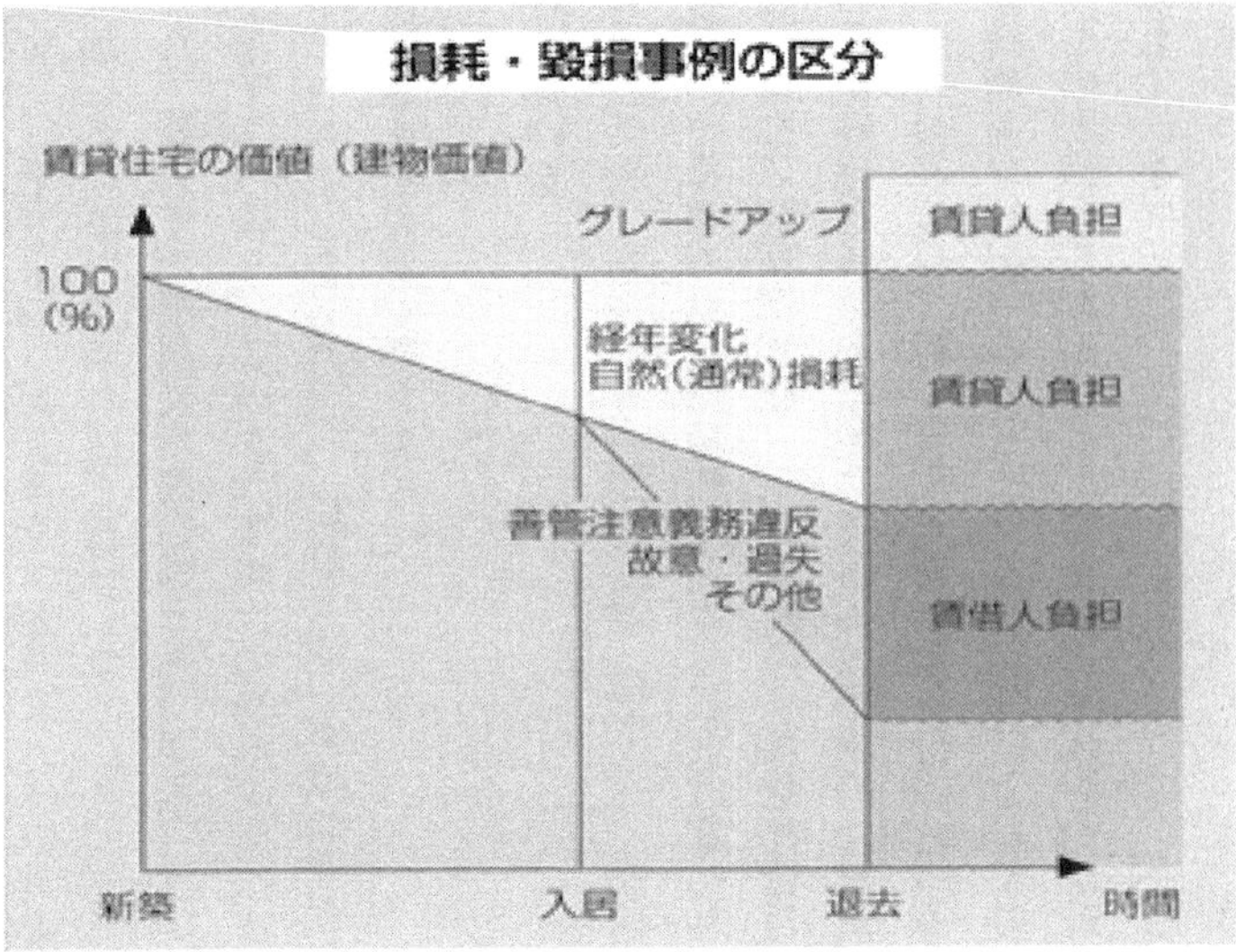

【図表 18　設備の経過年数と賃借人の負担割合】

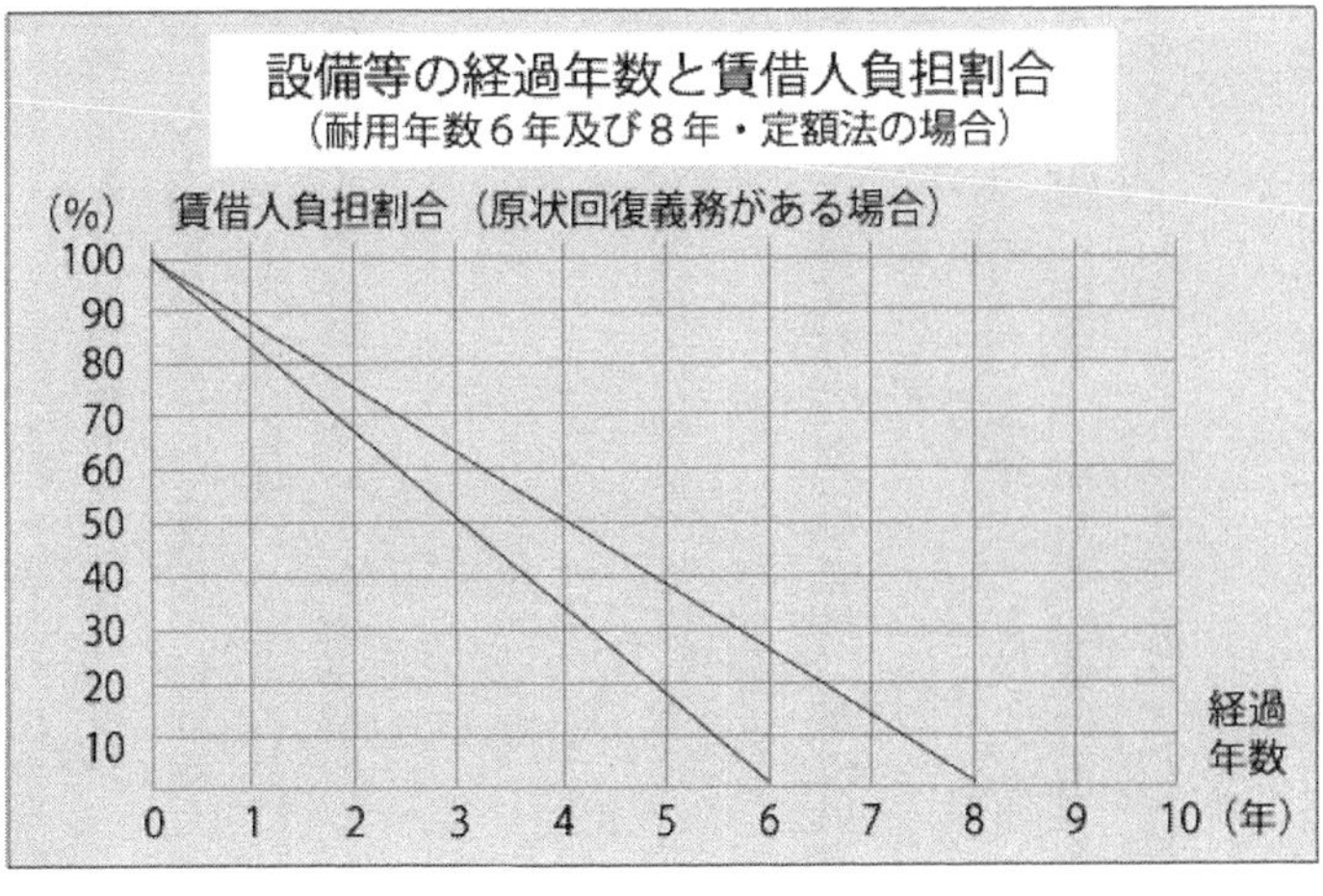

なお、実務的には、経過年数ではなく、入居年数で代替（ただし、入居時点での資産の価値が既に減価しているのであれば、減価したところがグラフの出発点です）します。

また、経過年数を超えた設備等であっても、継続して賃貸住宅の設備等として使用可能な場合があります（つまり、このような場合の当該設備の実際の残存価値は1円よりも高いということになります）。このような場合、賃借人は、実際の残存価値に相当する修繕費を負担する必要があることに留意する必要があります。

特約について

賃貸借契約であっても、強行法規（例えば、借地借家法や消費者契約法の規定）に反しないのであれば、当事者の合意で特約を設けることは認められます。

もっとも、裁判例では、一定範囲の小修繕を賃借人の義務とする修繕特約については、単に賃貸人の修繕義務を免除する趣旨であると制限的に解釈することが多いようです。

また、最高裁は、経年変化や通常損耗分の修繕義務を賃借人に負担させる特約について、賃借人が修繕費用を負担することになる通常損耗と経年変化の範囲を明確に理解し、それを合意の内容としたものと認められるなど、通常損耗補修特約が明確に合意されていることが必要であるとの判断を示しています。

したがって、ガイドライン（図表19参照）は、借地借家法、消費者契約法等の趣旨や、最高裁の

【図表19　ガイドラインに見る賃貸人・賃借人の負担割合】

賃貸人負担となるもの	
通常の住まい方で発生するもの	家具の設置による床・カーペットのへこみ、設置跡 テレビ・冷蔵庫等の後部壁面の黒ずみ（電気ヤケ） 壁に貼ったポスター等によるクロスの変色、日照など自然現象によるクロス・畳の変色、フローリングの色落ち 賃借人所有のエアコン設置による壁のビス穴・跡 下地ボードの張替えが不要である程度の画鋲・ピンの穴 設備・機器の故障・使用不能（機器の寿命によるもの）
建物の構造により発生するもの	構造的な欠陥により発生した畳の変色、フローリングの色落ち、 網入りガラスの亀裂
次の入居者確保のために行うもの	特に破損等していないものの、次の入居者を確保するために行う畳の裏返し・表替え、網戸の交換、浴槽・風呂釜等の取替え、破損・紛失していない場合の鍵の取替え フローリングのワックスがけ、台所・トイレの消毒、賃借人が通常の清掃を行っている場合の専門業者による全体のハウスクリーニング、エアコン内部の洗浄

賃借人負担となるもの	
手入れを怠ったもの 用法違反 不注意によるもの 通常の使用とはいえないもの	飲みこぼし等の手入れ不足によるカーペットのシミ、冷蔵庫下のサビを放置した床の汚損、引越作業等で生じた引っかきキズ、賃借人の不注意によるフローリングの色落ち 日常の清掃を怠ったため付着した台所のスス・油、結露を放置して拡大したカビ・シミ、クーラーからの水漏れを賃借人が放置して発生した壁等の腐食、喫煙によるヤニ等でクロスが変色したり臭いが付着している場合、重量物をかけるためにあけた壁等の釘穴・ビスで下地ボードの張替えが必要なもの、天井に直接付けた照明器具の跡、落書き等故意による毀損 ペットにより柱等にキズが生じ、または臭いが付着している場合 風呂・トイレ等の水垢、カビ等、日常の不適切な手入れもしくは用法違反による設備の毀損、鍵の紛失または破損による取替え、戸建て住宅の庭に生い茂った雑草の除去

判例等を踏まえ、原状回復に関する賃借人に不利な内容の特約については、次のような要件を満たすことを要求しています。

①　特約の必要性があり、かつ、暴利的でないなどの客観的、合理的理由が存在すること。

②　賃借人が特約によって通常の原状回復義務を超えた修繕等の

義務を負うことについて認識していること。

③　賃借人が特約による義務負担の意思表示をしていること。

4　原状回復工事の注意点

原状回復工事と空室対策リフォームは分けて考える

原状回復工事と次入居のための空室対策リフォームは分けて考えます。原状回復工事費用が退去者さんにご負担いただける金額が少なかったからといって、工事内容を減らしてしまうと、次入居が決まらなくなってしまうなどの悪循環になってしまいます。

そもそも賃貸住宅におけるリフォームとは、「入居していただくために必要な工事をする」ということであることを念頭に置かなくてはなりません。

単価よりも内容

「原状回復工事の見積書を受け取ったらどこを重視してみますか」とご質問させていただくと、ほとんどの大家さんは「トータル金額」とか「単価が安いところ」と答えられます。

私は、立場上、よく「他社の原状回復工事の見積りが高いのでみてください」というご依頼をいただきますが、相見積りだと思ったことはなく、「工事内容の精査」だと考えています。
なぜでしょうか。次に事例で紹介しましょう。

事例①　その工事内容が次入居のために必要な内容なのか

他社見積り45万円、二度目の見積り36万円、私の見積り12万円でした。だいたい、高いと言ったら何の説明もなく9万円安くなること自体もおかしいのですが、他社の工事内容は、ハウスクリーニング、天井・壁のクロス全室張替え、洗面・トイレの床クッションフロアーの張替え、エアコン洗浄2台、キッチンレンジフードフィルターの交換、洗面排水改修工事となっていました。

現地を確認すると、確かに1室はタバコのヤニでクロスが変色しており張替えが必要でしたが、それ以外は特に張替の必要はなく、キッチンレンジフードフィルターは清掃すれば問題がないレベルで、洗面排水に関してはただ乾電池が落ちていただけでした。

事例②　その数量は本当に正しいのか

2社の見積りを持って見えた大家さんでしたが、トータル金額も工事内容も同じ。しかし、A社はクロスの単価が８００円、B社の単価は７００円と単価は異なりましたが、数量が違うのでトータル金額は同じでした。B社は、単価で安く見せかけて数量を水増ししていたのです。

事例③　どの部屋もほぼトータル金額や工事箇所が同じになるのか

複数の空室をお持ちの大家さんが渡された見積書は、トータル金額も工事内容もほぼ同じでした。違う入居者さんに入居いただいていて、入居期間も違えば使い方も違います。その複数の空室がほぼ同じ修理箇所でトータル金額もほぼ同じなんていうことは考えづらいことです。

案の定、現地を確認すると、やはり見積内容どおりに修理が必要な部屋もありましたが、修理箇所を省くことができるお部屋もありました。

この３つの事例からもわかるとおり、見積金額や単価ではなく、実際に次入居が決まる見積内容を適正な修理箇所と数量で見積ってくれているかどうかを見極めることが重要です。

5　プチリノベとは

プチリノベーション

原状回復工事をしただけでは入居が決まらない、しかし、まだ間取り変更や設備を変更するほど古くはない物件で、アクセントクロスや、キッチン・浴室にフィルムを貼るなどしてインパクトをつけて入居が決まるようにするものです。

概ね築10年前後の物件や近隣に競合物件が多い場合に実施します。

プチリノベーションの予算

原状回復工事プラス10万円以内くらいの予算で実施します。実施する際に重要なのは、この先本格的にリノベーション工事をする際に無駄にならないような工事内容にすることです。

デザイナーズ物件

不動産ポータルサイトの多くには、「デザイナーズ物件」という検索条件があるのですが、デザイナーズ物件にするための決まりは特になく、中にはアクセントクロスを貼ったお部屋をデザイナーズ物件として掲載しているお部屋もあるようです。したがって、少々ずるいかもしれませんが、プチリノべした物件を「デザイナーズ物件」として掲載するのも１つの方法です。

6　プチリノベーション事例

アクセントクロス

アクセントクロスを貼る場合、サンプル帳で見ているよりも壁全体に広がると色が薄く見えてし

【図表 20　アクセントクロスによるプチリノベーション】

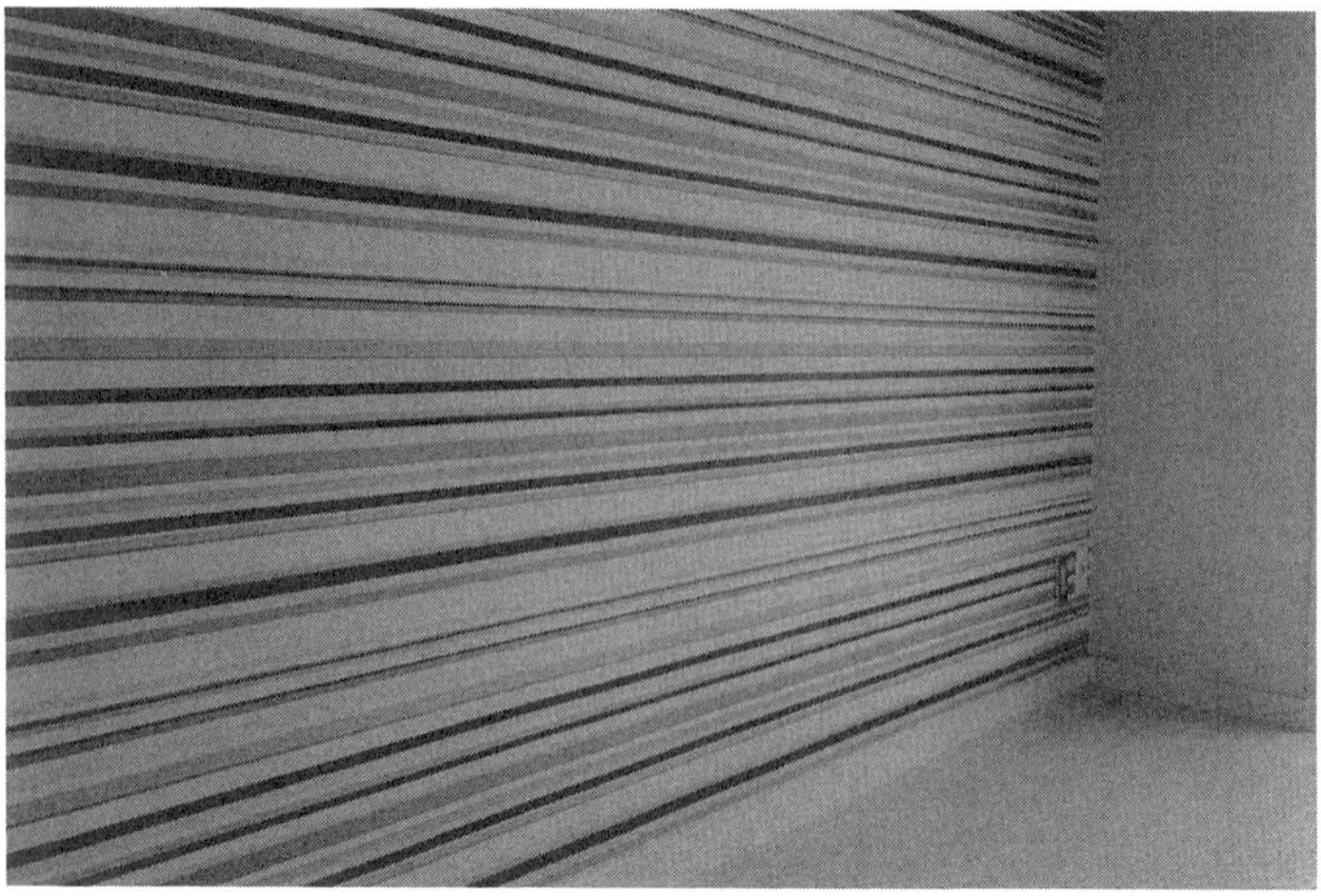

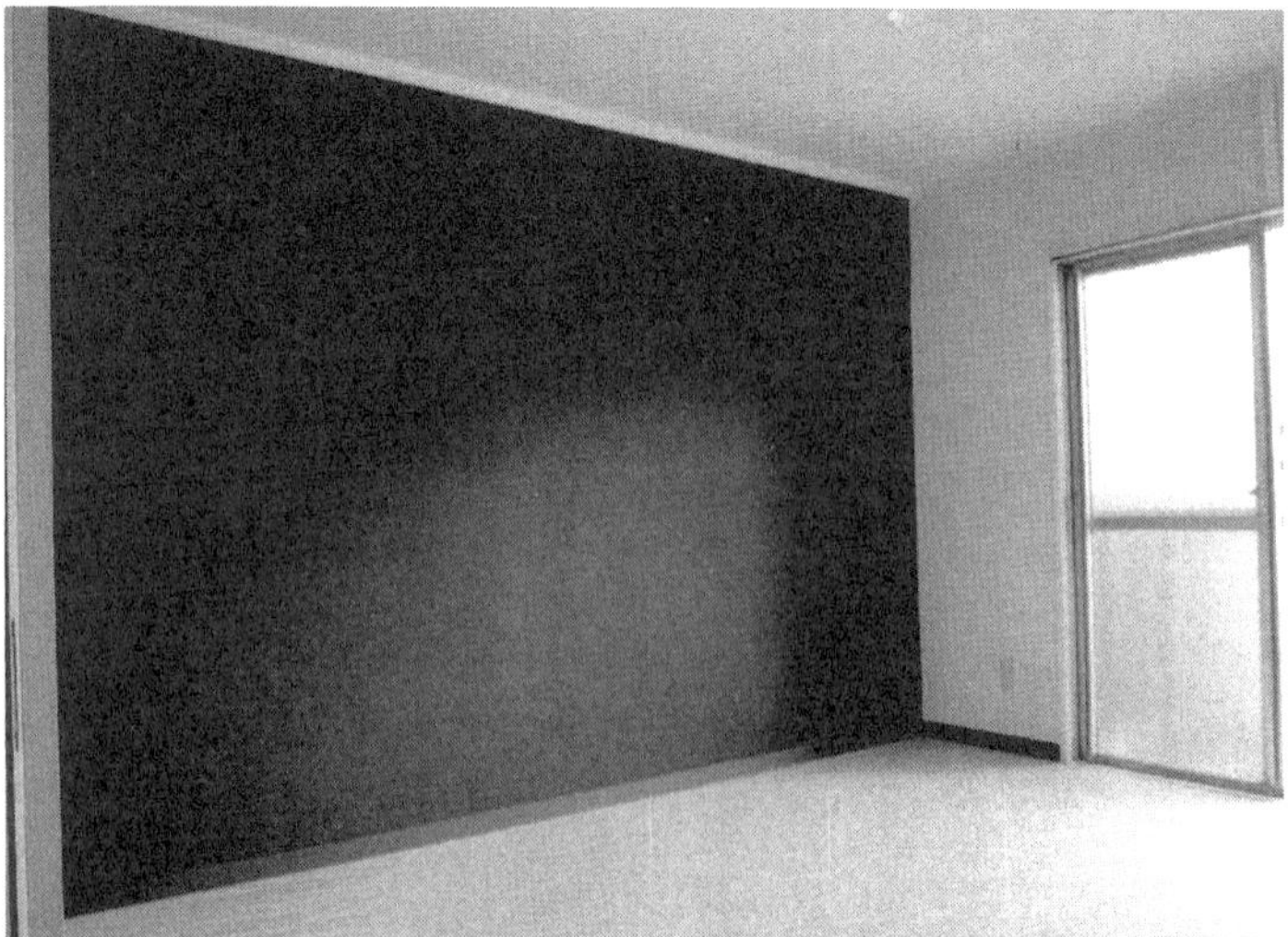

まうので注意が必要です。

メーカーにお願いすると、サンプル帳よりも大きなカットサンプルがいただけるので、それをもらって検討する方法もあります。

また、狭いお部屋や日当たりの悪いお部屋には明るめの暖色を、広いお部屋や日当たりのいいお部屋にはある程度濃い色を貼ると見栄えがよくなります。

なお、最近では、よりデザイン性の高い輸入壁紙のお店があり、張り方教室なども開催されているようですので、大家さんが参加されてご自身で貼ってみるのもいいかもしれません(図表20参照)。

浴室・キッチンへのフィルム施工

新しいユニットバスでは、一面が木目調にするなどしてあり、高級感があるように見えます。既存のユニットバスにも、フィルムを貼って古さを感じない仕様にすることが可能です。また、合わせて壁一面の大型鏡を取り付けるなどすると、高級感が出せます（図表21参照）。

キッチンも、以前はベージュか木目くらいしかラインナップがありませんでしたが、新しいものはカラーバリエーションが豊富になっていますので、キッチンごと交換する予算はない場合などには、カラーのフィルムを施工して明るい鮮やかなキッチンに変身することが可能です(図表22参照)。

また、このフィルム貼りは、最近ＤＩＹでご自身で施工される大家さんもお見えになりますので、一度挑戦されてみるのもいいかもしれません。

【図表 21　浴室のフィルム施工】

【図表 22　キッチンのフィルム施工】

第4章　リノベーション工事を知る！

1　リノベーション工事とは

リノベーションとリフォームの違い

リノベーションとリフォームは、どちらも住宅に手を加える点では同じですが、厳密にはその目的の部分で違いがあります。

リフォームは、老朽化した建物を建築当初の性能に戻すことを指し、元に戻すための修復の意味合いが強いですが、リノベーションは、修復だけでなく、用途や機能を変更して性能を向上させたり、価値を高めたりする行為も含むため、よりよくつくり替えるという目的が含まれています。工事の規模も、間取りの変更を伴うような大規模なものになります。

リノベーション工事の時期と予算

概ね、築15年を目安に考えます。そもそも築15年経つと、住宅設備機器なども耐用年数を超えて、故障の心配も出てきますし、新しい機能を備えた製品も出てきます。

その際の予算は、次の募集家賃の2年分を目安に、リノベーション工事完了後10年は使用できることを目標にプランニングします。

2　リノベーション工事の進め方

リノベーション工事の考え方

一般の持ち家であれば、「どんな家に住みたいか」を考え、それに対する見積りを取りますが、賃貸住宅で一番に考えなくてはいけないのは【次入居が決まるかどうか】です。

まず、次入居のターゲット（年齢層や家族構成）を決めます。

次に、リノベーションしたい内容の優先順位を決めます。

それから、ターゲットにあったコンセプト（和モダン・アジアンテイスト・北欧テイストなど）を決めて、プランニングをし、見積りを取ります。

リフォーム業者のつくりたい部屋をつくってはダメ！

大半のリフォーム業者は、いい部屋をつくることに重点を置きます。自分が住む住宅であれば、最新の設備をつけた素敵なお部屋、リフォーム業者がいい部屋をつくったと自慢できるお部屋でもいいかもしれませんが、賃貸住宅の場合はそこが重要ではありません。

入居していただくためには、どんな設備が必要か、どうしたら快適で安全な暮らしをしていただけるのかを考えることが重要です。

また、家賃とのバランスを考えることが必要です。家賃に見合わない特別な設備をつける必要はありません。

リノベーションのお手本

リノベーションのプランニングをする際には、分譲マンションのモデルルームや住宅展示場を見学に行くといいです。基本的に、分譲マンションには、賃貸マンションより一歩先を行く設備等がついているので参考になります。

また、原状回復対策になる素材などを検討することも非常に重要になってくるので、賃貸住宅フェアや建材フェアなどにも時折足を運んで、情報収集することが重要です。

3　リノベーション工事の事例

リノベーション工事の内容

具体的なリノベーション工事の内容としては、３ＤＫ↓２ＬＤＫに変更や、和室を洋間に改装して押入れをクローゼットに変更したり、対面キッチンにしたりします（図表23参照）。

【図表23　リノベーション工事の内容】

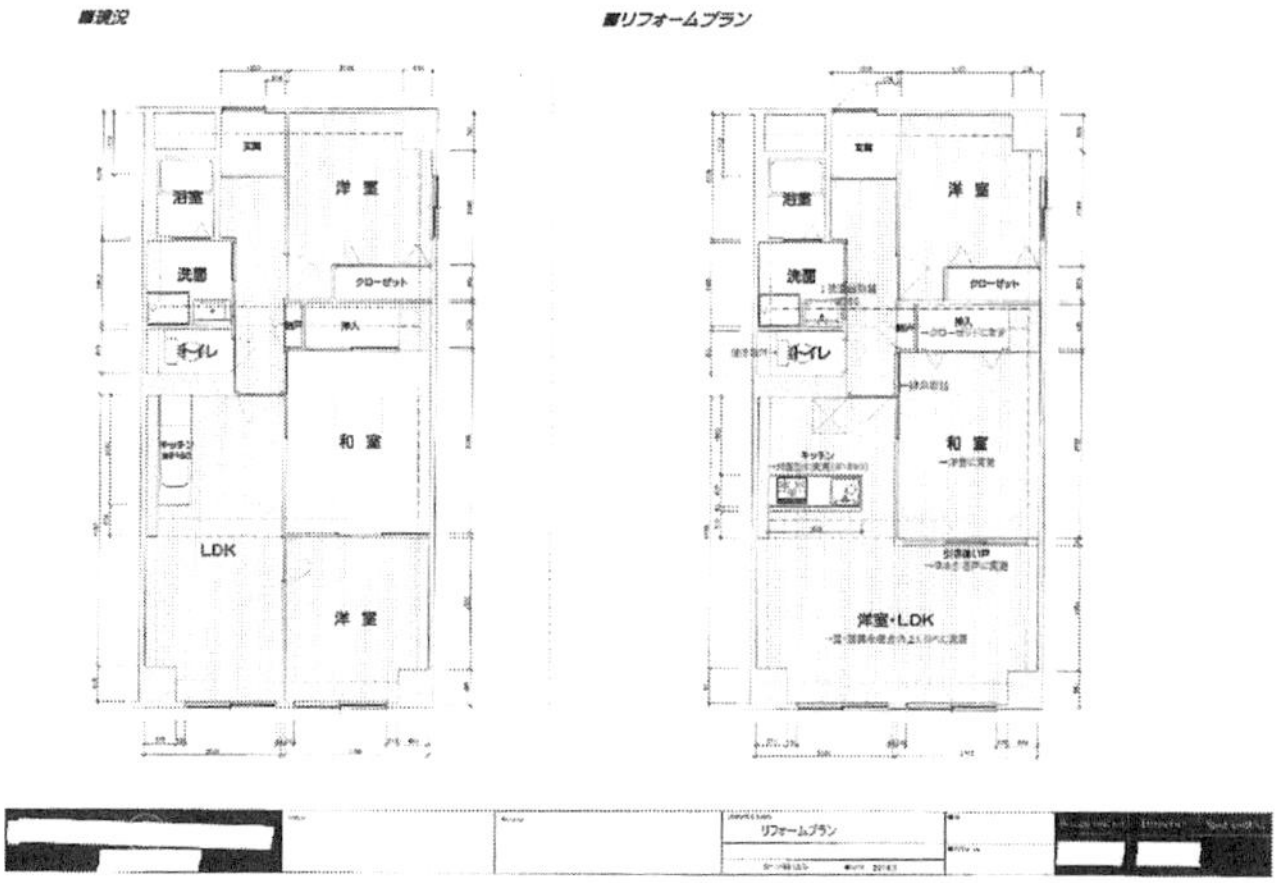

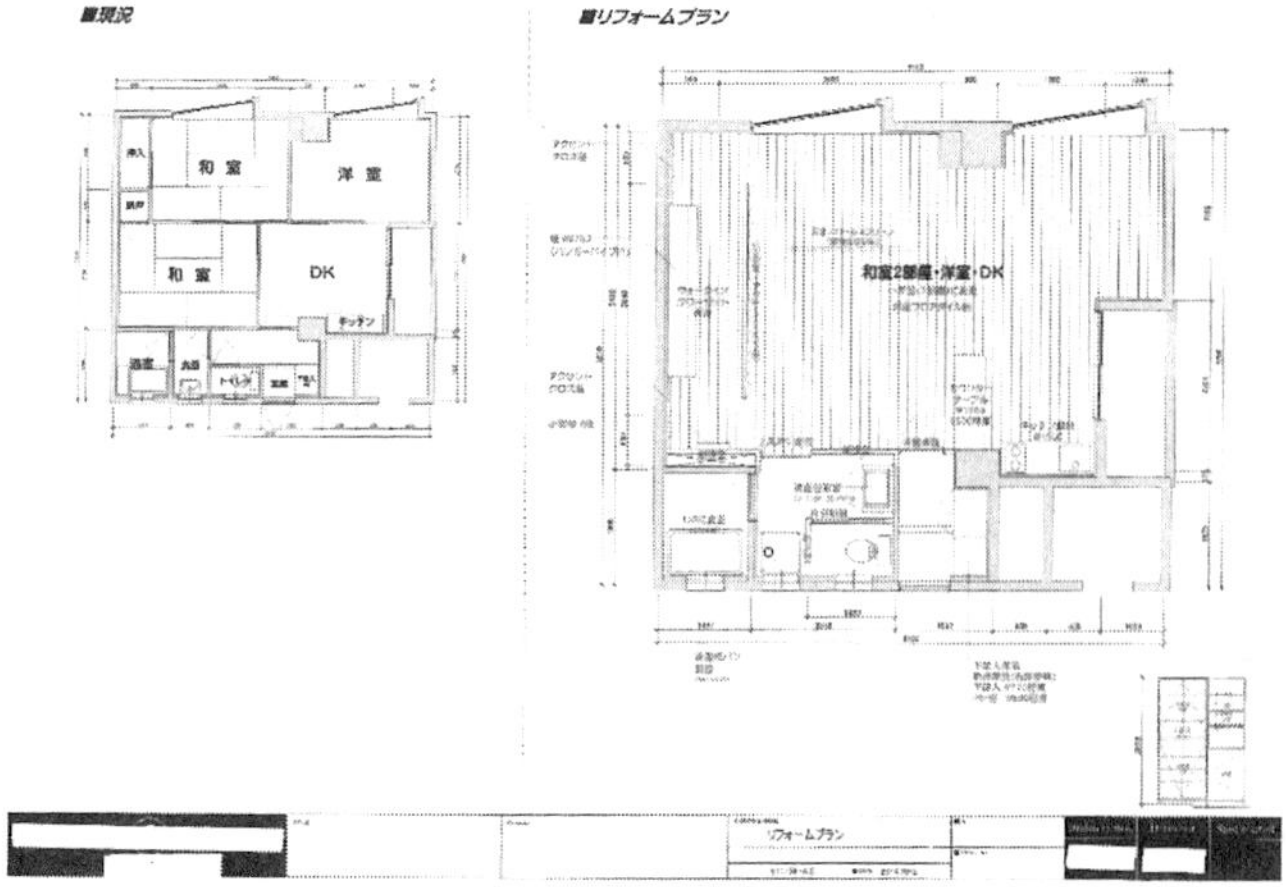

【図表 24　床や壁をめくっての設備工事】

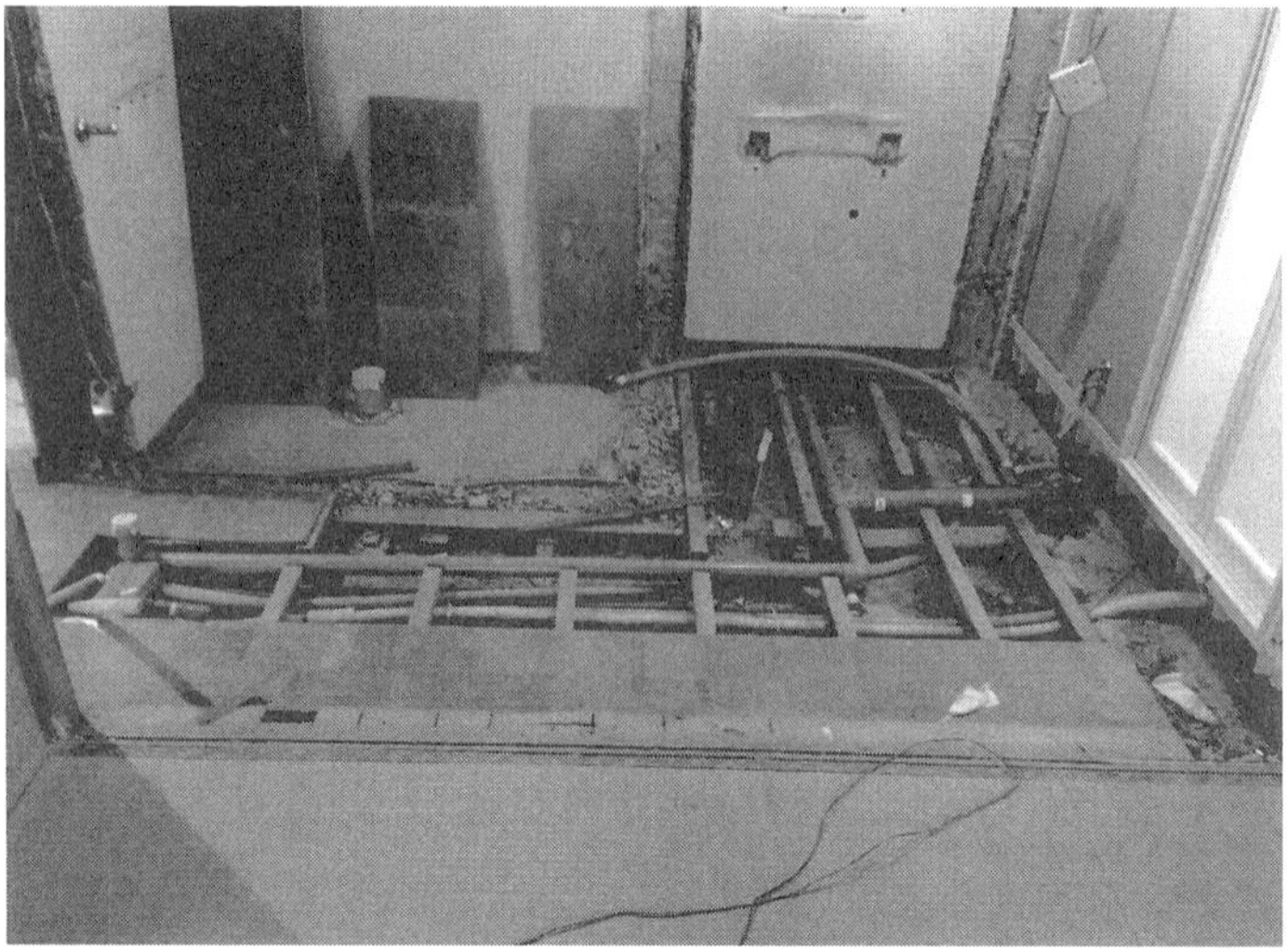

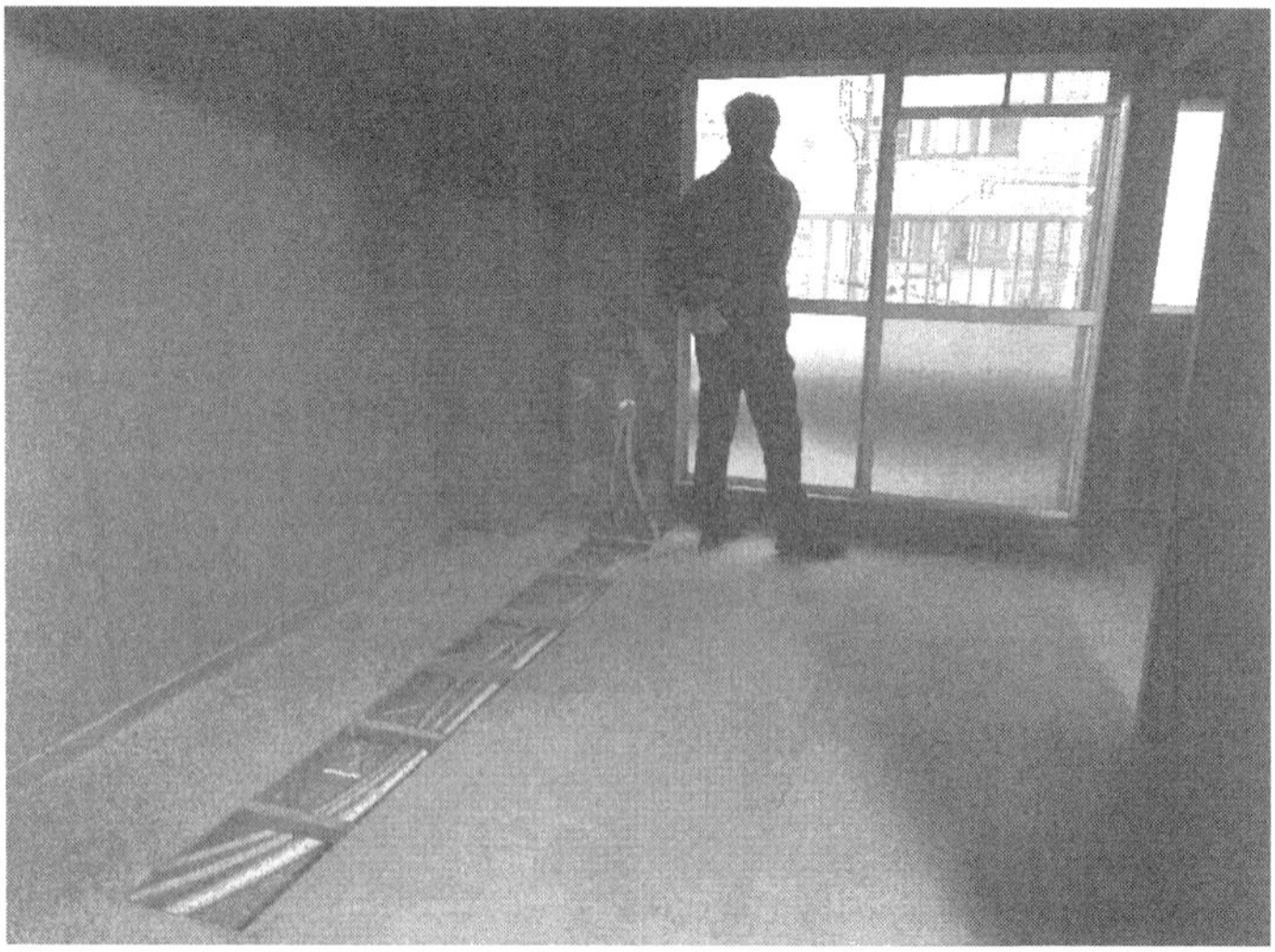

その際、忘れていけないのが設備です。

例えば、お風呂の追い炊きや、洗面やキッチンに給湯設備がないのであれば、床や壁をめくるこの機会に配管を通して取り付けることを忘れてはいけません（図表24参照）。

また、近隣の競合物件も調査して、できるだけ競合物件の少ない間取りや設備に仕上げることも重要です。

4　リノベーション工事の税務

リノベーション工事の税務処理

工事支出は、確定申告において、「修繕費」として一度に経費処理できるものと、「資本的支出」として数年間にわたって少しずつ「減価償却費」で処理していくべきものがあります。

工事を業者に依頼する際には、必ず「修繕費」と「減価償却費」が分けられるように、見積書や請求書を作成してもらう必要があります。

修繕費に当たるもの

かかった費用が20万円未満、あるいは修繕する周期が３年以内、通常の維持管理、原状回復に復するものなら修繕費にすることができます。
原状回復工事などは、「修繕費」に該当します。

【図表25　リノベーションの税務】

賃貸住宅リフォームの税務

修繕費

・20万円未満
・周期がおおむね3年
・通常の維持管理、原状に復するためのもの

減価償却費（資本的支出）

・明らかに価値を増すもの、耐久性を増すもの
・償却率が異なるため、内装工事・付帯設備に区分する必要がある

財務状況により節税につながる可能性もあります

資本的支出に当たるもの

明らかに価値や耐久性を増すものは、「資本的支出」となります。

例えば、建物への避難階段の取付けなど、物理的に付け加えた場合や、用途変更のための模様替えなど、改造や改装した場合などは、「資本的支出」となり、「減価償却費」に該当します。

税務申告に大きな影響

リノベーション工事の仕分けを「修繕費」として一括計上すれば「経費」として処理できて節税対策になりますが、一方で「減価償却費」に当たるものを一括で経費として処理してしまうと税務署ともめることになりかねませんので、注意が必要です。

第5章　空室対策の極意

1　募集の仕方

いつから募集を開始するのか

リフォームが終わってから？　それではスタートが遅れてしまいます。

退去通知をいただいたその日から、「○月○日空き予定」や「○月○日頃入居可」という形で募集をすぐに開始しましょう。

「今すぐ引っ越したい」という入居者さんは、よほどの事情がない限り少なく、「○月頃引っ越したいな」という入居者さんが大半です。

また、リフォーム前にお部屋を気に入ってくれた方が見つかれば、その方の意見を可能な限りリフォームに取り入れて、早期入居していただくことができます。

募集依頼をする

間取り図・案内図・土地建物の登記簿謄本を持って、近隣の不動産仲介会社に募集をお願いしに訪問します。マイソクをご自身で作成したほうがいいとか、写真をデータで持参したほうがいいという方もおられますが、私の場合は敢えて持参しません。

びっくりされる方もおられるかと思いますが、営業マンにまずお部屋を見ていただきたいからです。

「一度お部屋を見てください！」とお願いして、募集に必要な写真等を撮影しにお部屋に行っていただきます。見たこともないものを売ることは難しいからです。

複数の不動産仲介業者に募集を依頼する場合

先ほどと同様のお願いの仕方で、何件も回ってみるのもいいのですが、1軒目の不動産仲介業者でマイソクをつくっていただいたら、それを持って残りの仲介業者に客付のお願いをしに回ります。その際も、もちろん写真は持参しません。それもお部屋を見ていただくためです。

また、他の不動産業者さんのつくったマイソクを持参することで、他の不動産仲介業者よりよいマイソクをつくっていただける可能性があるからです。

募集をお願いした後にすべきこと

募集をお願いして数日したら、インターネットでご自身の物件を検索してみましょう。中には室内の写真がなかったり、何回か同じお部屋の募集をお願いしていると、古い写真が掲載されていたりする可能性があるからです。

最近では、不動産ポータルサイトに動画を掲載することも可能ですので、できれば不動産仲介会社さんに動画の掲載もお願いします。

もし、確認した際に、写真の掲載や表記がおかしかった場合には、すぐに訂正のお願いをします。

募集をお願いする際必ずしなければいけないこと

お部屋や物件のアピールポイントを必ず伝えましょう。キャッチコピーなどがあるのであれば、それをマイソクに載せていただくようにお願いします。

また、募集条件（家賃・共益費・敷金など）や広告宣伝費についても、間違いがないように伝えます。

募集をお願いする際ＮＧなこと

募集をお願いする際避けたいのは、募集条件（家賃・共益費・敷金など）や広告宣伝費は複数の不動産仲介業者にお願いした場合でも必ず統一します。もし、条件を変えてしまうと、条件がわるかったほうの営業マンに不信感をもたれてしまう可能性があるからです。

値下げ幅を持たせるケース

なかなか入居が決まらなかったり、早期入居を決めたい場合、営業マンに値引きの権限を与えましょう。例えば、「５０、０００円スタートだけれど、もしいい入居者さんで決めたい場合、○○さんに任せるから２、０００円ダウンまでならいいから早く入居を決めてね」というようにお願いします。

そうすることで、営業マンも交渉がしやすくなったり、月ごとに成績があるので営業のしやすいお部屋を優先的に契約を決めようと頑張っていただけるからです。

空室情報が流れていないケース

管理会社さんや不動産仲介業者に募集をお願いしていたにもかかわらず、空室情報が他社に流れていないケースが多々見受けられます。定期的に空室情報が他社にも流れているのか確認すると共に、大家さん自身で近隣の不動産仲介業者さんに空室情報をお知らせに回ったり、ＦＡＸを入れるなど、一手間掛けた営業も必要です。

2　内見があるのかないのか

内見があるのかないのかが重要

内見があるのかないのかによって、その後の対応方法は大きく変わってきます。

内見があるのに入居が決まらない場合は、お部屋に問題がある可能性が考えられます。まずは、お部屋を確認し、問題がないかを確認しましょう。

内見がない場合、条件に問題がある可能性が考えられます。競合物件との相場の違いなど、条件の見直しをしましょう。

内見を増やす仕組みづくり

やはり、内見を増やすことが入居を決めることに繋がるので、どう内見率をアップするのかが重要です。

内見を増やす仕組みとして、大阪の「喜ばれる大家の会」の力石圭司会長からお伺いしたアイデアは、次のとおりです。

内見がない場合、「内見に来ていただいたら粗品進呈します！」という方法です。イメージとしては、自動車ディーラーの「試乗したら○○差し上げます」の方法です。粗品進呈の用意ができたら、営業マンにそのことを伝えます。

営業マンは、「この物件を内見すると○○がもらえるので、見るだけ見てみませんか」と内見に誘導しやすくなります。

なお、この方法で、それまで全く内見がなかった物件に内見があり、2組目で入居決定したそうです。

ちなみに、力石会長が色々な粗品で試されたそうですが、電波時計に最も人気があったとのことです。

・喜ばれる大家の会　http://yorokobareru-ooya.jimdo.com/

競合物件の調査方法

競合物件の調査は、インターネットの利用が一番簡単です。

インターネットを利用すれば、築年数・間取り・面積に参考坪家賃まで調査することができますが、これは成約家賃ではない場合が多いので注意が必要です。

インターネットでの調査方法は、第1章の3を参考にしてください。

ある程度の目安をインターネットで調べたら、やはり近隣の不動産仲介業者さんへのヒアリングです。物件情報を持ってヒアリングに回れば、営業も合わせてできますので、手間はかかりますが重要です。そこで面識ができれば、その後の反復営業もしやすくなります。

3　募集条件

募集条件の見せ方

募集条件の見せ方で内見率は変わります。たとえ家賃が相場と同じであっても、礼金・敷金・補修費や償却によって左右されます。もちろん、償却などには、地域的慣習もあります。

敷金・補修費・償却

① 敷金　2か月　実費償却

② 補修費　2か月　故意過失については別途

③ 敷金　2か月　償却100％

実際には、この3つの条件であれば、初期費用として入居者さんが負担することになる費用は同じです。

私なら②を選択します。その理由は、『敷金0』と言え、入居者さんにとってわかりやすく、退去時のトラブルが少ないからです。

ただし、『故意過失については別途』と記載しておくことが重要です。

例えば、ガラスを割っても壁に穴を開けても退去時に追加費用がいただけないでは困ってしまうからです。

初期費用を安く済ませたい傾向にある

テレビのCMで「敷金0・礼金0・仲介手数料半月」と流れているのを見ればわかるとおり、入居者さんは、初期費用を安く済ませられる物件に流れる傾向にあります。

引越しの際、必要になってくる照明器具やエアコン、ガスコンロなどを設備やサービス品として設置して、マイソクにも記載し、営業マンにもそれをPRしてもらうことにより、入居時に支払う費用がたとえ同条件の物件だったとしても、それらの設備やサービス品がついていることにより、結果初期費用が安く抑えられることで、入居促進に繋がる可能性もあります。

設備とサービス品の違い

設備とは、その建物についている大家さん所有の付帯設備として取り扱われ、故障した場合には大家さん負担で修理が必要です。

例えば、エアコンであれば、耐久消費財で金額的にもそこそこするので、設備として取り扱ったほうがいいです。

一方、サービス品とは、入居促進のためにサービスとして提供したものであり、万が一故障してしまっても、大家さんには修理の義務は発生しません。

例えば、比較的安価なガスコンロは、万が一故障したり、退去の際汚れていたら交換してもいいので、サービス品として取り扱ったほうがいいです。

エアコンは何台設置すればいいの？

単身者用の１Ｋや１Ｒでは、エアコンは１台しか必要ありませんが、２ＬＤＫや３ＬＤＫなどのファミリー物件の場合には、何台設置すればいいのでしょうか。

結論からいいますと、通常であれば１台取り付けをすれば、全室に取付けをしていなくても、「エアコン設備」と記載することが可能です。

4　満室を導く4つの要素

4つの要素とは

物件の4つの要素は、次のとおりです。

①　立地
②　物件力
③　募集条件
④　営業力

オール5なんていう物件は好立地の新築物件以外はほぼ皆無に近いので、マイナス要素を別のプラス要素で補って100点に近づければ入居が決まります。

逆に、入居がなかなか決まらない場合は、このバランスが崩れているわけです。したがって、まず、客観的にどの要素がマイナスなのかプラスなのかを判断します。

そして、どの要素ならさらにプラスにすることができて、100点に近づけることができるのかを考えます。

絶対に変えられない立地

絶対に変えることができないのは、不動産なのですから、立地です。

もし、これから新築の賃貸住宅を検討されるのであれば、この立地で需要はあるのか、どんな間取りの需要があるのかよく検討してください。

物件力

古い・新しいということではなく、それ以外に魅力はあるかどうかということです。

第2章でも述べたような、オンリーワン物件、インパクトのある物件、収納の充実した物件を参考にしてください。

募集条件

これは、単に家賃の高い安いだけではありません。この章で述べたような、敷金・礼金であったり、設備やサービス品など、要は価格的にお得感があるかどうかということです。

営業力

ここに力を入れない大家さんが一番多いです。「こんなにいい物件をつくったのに入居が決まらないのはなぜでしょうか」とご相談にお見えになる方の大半は、営業をされていません。

管理会社などに任せたままで、本人は全く営業をされていない。それでも、新しいうちやよくできる管理会社にお任せしているのでしたら問題はないのですが…。

5　失敗しない空室対策

入居者のニーズを知る

失敗しない一番の空室対策は、入居者のニーズを知ることです。

空室に困って相談に見える大家さんに多いのは、ターゲットも決まっていない、お部屋づくりのコンセプトもない、当然アピールポイントもないと答えられる方です。

ただ、何となくつくった商品（物件）を、大家さんがもしお客さんなら買いますか。

人任せ

成功している大家さんに共通していえるのは、自分できちんと経営されていることです。管理会社や仲介業者をきちんとコントロールしておられます。ご自身の物件のことを誰よりもご存知です。

逆に、空室に困ってご相談に見える大家さんの大半は、ご自身の物件のことをよく知らず、何かと「管理会社に任せてあるから」「不動産屋さんが言ったから」と、人のせいにする傾向にあります。

よいチームづくり

とはいうものの、すべて大家さんが自分でやることは不可能です。「餅は餅屋」ですので、信頼できるリフォーム業者や管理会社、不動産仲介業者を見つけてチームをつくって、大家さんはプロデューサーとなってうまくチームをコントロールしていくことが満室経営への秘訣となります。

決まりやすい部屋と決まりにくい部屋

同じ1棟物件でも、決まりやすい部屋と決まりにくい部屋があります。例えば、角部屋は決まりやすい、1階は決まりにくい、4階建でエレベーターのない物件の4階は決まりにくいなどです。

もし、複数の空室があり、リフォーム資金が全室分なかった場合、どちらを優先してリフォームすればよいでしょうか。

結論をいえば、決めやすい部屋を優先してリフォームしてください。

まず、決めやすい部屋をリフォームして入居が決まれば、資金的にも精神的にもゆとりができて、決めにくい部屋の募集に注力できるからです。

リフォーム費用がかさむ部屋

複数の空室がある場合、汚損がひどくリフォーム費用がかさむ部屋と比較的軽微なリフォームで入居可能な部屋があった場合、どの部屋からリフォームしますか。

軽微なリフォームで入居可能な部屋からリフォームしてください。

汚損がひどい部屋を先にリフォームするよりも、軽微なリフォームで入居可能な部屋のほうが工事期間も短く、1日でも早く入居していただくことができます。

また、リフォーム資金に余裕がなかった場合、費用がかさむ部屋を1部屋リフォームするのであれば、軽微なリフォームで入居可能な部屋を2部屋リフォームして入居していただいたほうが、キャッシュフローが安定します。キャッシュフローを安定させてから、リフォーム費用のかさむ部屋をリフォームすればいいからです。

同じ部屋をいくつもつくらない

複数空室がある場合の最大の失敗は、入居が決まっていないのに同じ部屋をいくつもつくってしまうことです。もし、リフォームした部屋が反響がよくない場合、同じようにリフォームしたお部屋すべてが反響のよくないお部屋になってしまうからです。

仮に5室空室があった場合、まずはAとB、2パターンのお部屋をつくって募集します。先にAパターンに入居が決まった場合には、またAパターンのお部屋をつくり、それを繰り返します。

リフォームプランを立てる際、A・Bどちらが評判がいいかわからず、また実は意外と狙ったターゲットと違う方が入居されるケースも少なくありません。

また、入居を決めるまでに平均3室は内見に行くといわれており、同一物件でコンセプトの違うお部屋を2パターンをつくることにより、もしかするとその同一物件内にある違うパターンのお部屋の中で入居を決めていただける可能性もあるからです。

6　入居が決まらない意外な理由と退去のわけ

臭いが原因で退去

退去立会いで退去の原因を聞くと、意外に多いのが「臭い」です。臭いの元は、同じマンションの店舗のステーキハウスの臭いだったり、繁華街のマンションでは隣の中華料理店の臭いだったりします。

対策方法なんてないと思われそうですが、そうでもないです。大体の理由は、「窓が開けられない」「洗濯物が干せない」というのが理由です。

対策方法としては、

① エアコンを設置する
② 浴室換気乾燥機を取り付ける
③ 室内物干しを設置する
④ 所有物件の店舗であればダクトの改良工事をする

などがあります。

宅配ボックスがないから

インターネットなどの通信販売を利用することが増えてきて、宅配ボックスの需要が増えています。単身者やＤＩＮＫＳ（子供を持たない夫婦）、夫婦共働きの物件では、特に宅配ボックスの需要が高いです。

最近、既存物件に設置できる宅配ボックスもありますので、検討をしてみるといいでしょう。

虫が原因

自然のことなので仕方がないことではあるのですが、虫が原因で退去される方がおられます。物件の横が畑やドブ川が流れている場合、蚊が発生したり、ムカデや蟻が出たりします。また、案内に入った際に、大量の蚊が飛んでいて刺されたなんてことになったら入居する気も半減します。

もちろん、人の敷地に入って除草をしたり防虫したりすることはできませんが、最低限できる範囲で除草や防虫をします。

近隣の住宅からの嫌がらせ

近隣の住人からの嫌がらせはもちろん、その入居者さんに原因があるかもしれない可能性も否定できませんが、日頃から近隣の住人と良好な関係を築けるように努力することが必要です。些細なことから溝が生まれ、入居者さんへの嫌がらせが始まるケースも少なからずあるのは否定できません。

7　入居に大きな影響を与える管理

どうやって管理するか

物件の管理は、入居に大きく影響を与えます。自主管理をするのか、分割で管理委託するのか、一括で管理委託するのか迷うところです。

自主管理は、専業の大家さんで、自宅から比較的近隣に物件がないと難しいです。一括で管理委託するよりも分割で管理委託するほうがコストを抑えることができます。

ただし、当然、分割で管理委託するほうがコストが安く済む分、若干手間がかかります。

大家さんの属性や物件との距離・規模などにより選択すべきです。

管理を委託しても放置してはイケナイ

一括にせよ、分割にせよ、管理を委託したからといって物件を放置してはいけません。正しく管理されているのか、報告書を確認したり、時には物件を大家さん自ら確認に行くことも必要です。

きちんと清掃されているのか、管球などが切れたままで放置されていないかなど、適正な管理がなされているのかを確認する必要があるからです。

大手の不動産仲介業者に管理を委託した場合、再委託、さらにはそこから分割で再委託されていることも多く、実際には物件のことをしっかり把握して適正な管理がなされていないことも少なくありません。

定額と家賃連動

管理委託をする場合、大きく分けて定額制と家賃連動型があります。

定額制とは、入居の有無にかかわらず、毎月定額で管理費用を支払うシステムです。

一方、家賃連動型とは、毎月入ってくる家賃の何%という形で管理費を支払うシステムです。

空室のことや将来的な家賃の下落を考えると、家賃連動型で管理を委託したほうが安心です。

また、家賃連動型のほうが、管理会社と大家さんが一身同体という考え方もできます。管理会社は、家賃に連動して管理費をいただくわけですから、空室が多い場合には管理会社も受け取る管理費が減ってしまうからです。

複数の空室や長期空室をお持ちでご相談に見える大家さんの中には、独自の募集チャンネルを持たない独立系の管理会社さんに定額制で一括管理委託をされている大家さんが比較的多い傾向にあります。

管理会社選びは慎重に

一度管理会社を決めて管理委託をしてしまうと、管理会社を変更するためには、最低3か月くらいの期間がかかり、容易なことではありません。管理を委託する場合には、その管理会社の管理の実績はもちろん、入居実績まで慎重に調べてから委託するようにします。

管理会社によっては、管理委託と専属専任契約がセットになっており、なかなか入居が決まらないケースもあります。もし、専属専任契約と管理がセットになった管理会社さんと管理委託契約をして、その管理会社が不動産ポータルサイトに広告を載せることもできない会社で、客づけをする力がない場合には、当然なかなか入居が決まりません。

不動産仲介の種類

不動産仲介には、３種類媒介契約があることをご説明しましょう。

①　専属専任契約

特定の不動産業者に仲介を依頼し、他の不動産業者に重ねて依頼することができない契約です。依頼を受けた不動産業者は、依頼主に対して、１週間に１回以上の頻度で活動の状況を報告する義務があり、目的物件を国土交通大臣の指定する流通機構（レインズ）に登録しなければなりません。

【図表 26　媒介契約の種類と特徴】

	専属専任媒介契約	専任媒介契約	一般媒介契約
他社への重ねての仲介依頼	×	×	○ （明示型の場合は、他社へ重ねて依頼した場合は通知義務あり）
自ら探索した相手方との直接契約	×	○	○
契約の有効期間	3か月以内	3か月以内	法令上の制限はない（ただし、行政の指導は3か月以内）
指定流通機構への登録	媒介契約締結の日から5日以内	媒介契約締結の日から7日以内	法令上の義務はない（任意での登録は可能）
業務処理状況の報告義務	1週間に1回以上	2週間に1回以上	法令上の義務はない（任意で報告を求めることは可能）

依頼主は、自分で入居希望者を見つけることはできません。

②　専属媒介契約

「専属専任媒介契約」と同じく、特定の不動産業者のみに仲介を依頼する契約です。不動産業者は、依頼主に2週間に1回以上の頻度で活動の状況を報告する義務があり、目的物件を国土交通大臣の指定する流通機構（レインズ）に登録しなければなりません。

依頼主は、自分で入居希望者を見つけることができます。

③　一般媒介契約

複数の不動産業者に重ねて仲介を依頼することができる契約です。不動産業者に報告義務はなく、依頼主も自分で入居希望者を見つけることができます。

早期成約のコツは、管理の方法にもよりますが、専属専任媒介契約以外の方法を選択し、幅広く不動産業者に客づけ依頼し、時には成約時の謝礼をするなどして営業マンと強い協力関係を築くことが大切です。

第6章　リスクマネジメント

1　賃貸経営でのリスク

賃貸経営のリスク

賃貸経営をしているとさまざまなリスクがあります。例えば、空室リスク、家賃滞納リスク、事故のリスクなどです。この章では、リスクに備えるお話をしたいと思います。

事故のリスク

代表的なものは、火事・地震です。それ以外に、空き巣、共用部の破損、漏水、室内で入居者さんが亡くなっているなど、数々のリスクがあります。

事故に関するリスクに関しては、ある程度保険で対応可能です。

その他のリスク

満室経営するためには、連帯保証人がいない方や外国人、高齢者の入居者も受け入れていく必要性があります。

その一方で、万が一受け入れてしまって家賃滞納や孤独死などのリスクが頭を過《よ》ぎるはずです。

なかなか連帯保証人になってくれる人がいなかったり、長く契約をしているとその連帯保証人も効力があるのかどうかわからなかったりする場合もあるので、家賃保証会社を利用すれば家賃滞納の悩みはある程度軽減されます。

なお、外国人を受け入れする場合には、外国人専門の家賃保証会社もあります。

また、高齢者を受け入れる場合、孤独死に対応する保険などもあります。

2　火災保険

入居者さんが加入する火災保険

「入居者さんが保険に入っているからいいよ」と言われる大家さんが時々おられます。もちろん、通常契約書に「火災保険に加入すること」と書かれていて、契約の際には当然火災保険に加入されます。

しかし、その火災保険は、賃貸借契約の期間に合わせて2年満期が多いです。賃貸借契約は、2年で自動更新ですが、火災保険は自動更新にはならないのです。中には、この保険を更新しない、もしくは更新し忘れている入居者さんがおられます。

火災保険の更新忘れの防止や室内の点検等、いろんな意味を含めて賃貸借契約の更新時期には入居者さんに連絡を取るとともに、保険の更新の確認や室内の不備の確認をします。

新価（再調達価額）と時価

火災保険の補償には、新価（再調達価額）と時価という二種類の金額が存在します。

新価（再調達価額）とは再取得（再建築）するのに必要金額、時価とは取得してからの経過年数に応じて減価を控除した金額のことです。

しかし、法律上の賠償責任は、時価と定められているために、入居者さんが加入している借家人賠償責任保険は時価でしか加入できません。

大家さんや持家に入られる火災保険は、新価（再調達価額）と時価を選択できます。

つまり、入居者さんが加入する借家人賠償責任保険をあてにしていると、修理費用や再建築費用を全額保険で賄うことができない可能性があるのです。

もちろん、新価（再調達価額）で加入するほうが掛金が高くなるので、検討する必要があります。

なお、２０１５年10月より、火災保険の長期加入ができなくなり、掛金も値上がりするようですので、その前にぜひ見直しをしてください。

どこで火災保険に加入するか

実は、火災保険というのは、大変事故が少なく手数料も多いので、保険の代理店からはドル箱といわれています。

その一方で、一度加入するとなかなか見直しをすることが少なく、前述のように事故も少ないため、火災保険の知識が乏しい代理店も少なくありません。

加入や見直しをする際には、必ず火災保険の契約が多く、商品知識のしっかりした代理店で契約をするようにします。

3　家賃保証会社と孤独死に対応する保険

家賃保証会社

家賃保証会社とは、賃貸住宅の契約時に必要な入居者さんの連帯保証人を代行する会社です。万が一、入居者さんが家賃滞納などの債務不履行をした場合、家賃保証会社が大家さんに家賃を代わりに支払ってくれます。

以前、家賃を保証するはずの家賃保証会社が倒産する問題が発生しましたが、今は保証会社が加盟する業界団体の「賃貸保証制度協議会」が、家賃債務保証業務の適正な実施について自主ルールを制定したり、業界団体独自に、金融機関の利用する信用情報機関のような賃貸保証のデータベース機関ＬＩＣＣ（リック）を設立、信用情報の登録確認を行っていますので、そういった業界団体に所属している保証会社であればひとまず安心です。

また、外国人向けの家賃保証会社もありますので、外国人を受け入れる際には、そういった家賃保証会社を利用すると便利です。

孤独死に対応する保険

自殺や孤独死、殺人事件が発生した際、遺品整理費用・清掃・消臭費用・修理費用等の原状回復費用、死亡事故が発生したお部屋の空室期間や値下げした場合の家賃損失を補償してくれる保険などが各社から出ています。とりわけ近年増えてきた小額短期保険業者などでは、一戸当り月額数百円程度から加入できる商品もあるので、加入を検討してみるのもいいです。

また、家賃保証会社のシステムに「孤独死保険」が自動付帯されているものや、火災保険の「汚損破損特約」で補償可能なケースもあるので、よく検討してみるべきです。

社会の流れから考えて

第1章で述べたことや、今後の社会の流れから考えて、外国人や高齢者は今後増えていくと予測されますし、またそういった方々を受け入れずにはこの先の満室経営は不可能ともいえます。この章でお話した家賃保証会社や保険の制度をうまく活用し、リスク回避をしながら外国人や高齢者の方にご入居いただける方法を考えましょう。

第7章　退去立会いあれやこれや

1　ペットのキズ

ペット飼育可とは

当然のことなのですが、ペット飼育可というのは、あくまでも「ペットを飼育していい」許可であり、ペットが汚してもいいという許可ではありません。

ペット飼育可物件での言い訳

ペット飼育可物件の退去立会いの際、玄関を開けた瞬間に、アンモニア臭で目が痛いお部屋や臭くて鼻が曲がりそうなお部屋があります。ほぼ垂れ流し……。

こういうお部屋の入居者さんは、ほとんどの方が口を揃えて「ペット可なんだからペットで汚れるのは当たり前だろ！」と言われます。

その言い訳に腹が立つとか以前の問題として、「この退去者さんは嗅覚ないのかな？」って、疑問を抱きます。

酷い入居者さんは、汚物が転がったままの方までいます。

動物愛護団体の人が見ても、「これは問題になりそう」なくらいの方までいます。

ペット飼育不可物件での言い訳

ネコのツメの跡は、クロスを触るとすぐわかります。細かい引っかきキズができていますが、キズが浅いと目で見てもなかなかわかりづらいです。

ペット不可物件でこの引っかきキズを見つけた私は、入居者さんに問いかけました。

私「ネコ飼われてましたか？」

入居者さん「飼ってません」

私「おかしいですね。あっちにも、こっちにも、ネコのツメの跡があるんですが…」

入居者さん「あっ、少し友達のネコを預かってました」

はい、アウト！　しっかり原状回復費用をお支払いいただきました。

この物件でペット飼育可にしたらダメじゃない？

この物件でペット飼育可はダメじゃない？　という大家さんもおられます。

３ＤＫなのですが、和室が２室のＲＣマンションで、それも大型犬までペット飼育可の物件がありました。家賃は６万円、敷金１か月…。

このようなケースでは、ほぼ１００％の確率で退去立会いの際に揉めます。原状回復費用で結構な金額の追加請求が発生してしまうからです。

もともとこの物件でペット飼育可にすること自体が無理なのです。

【図表 27　ペットによるキズ・汚れ】

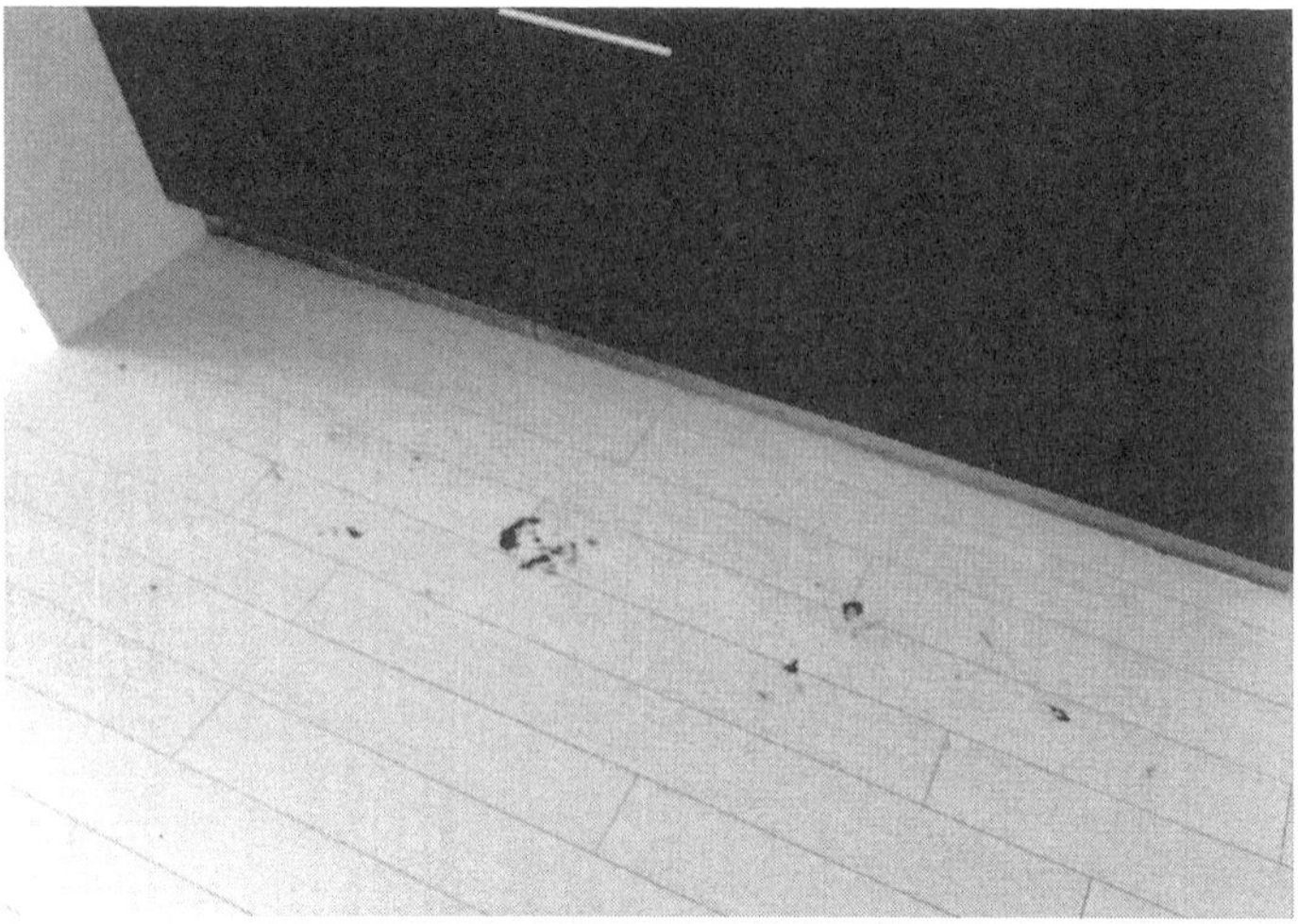

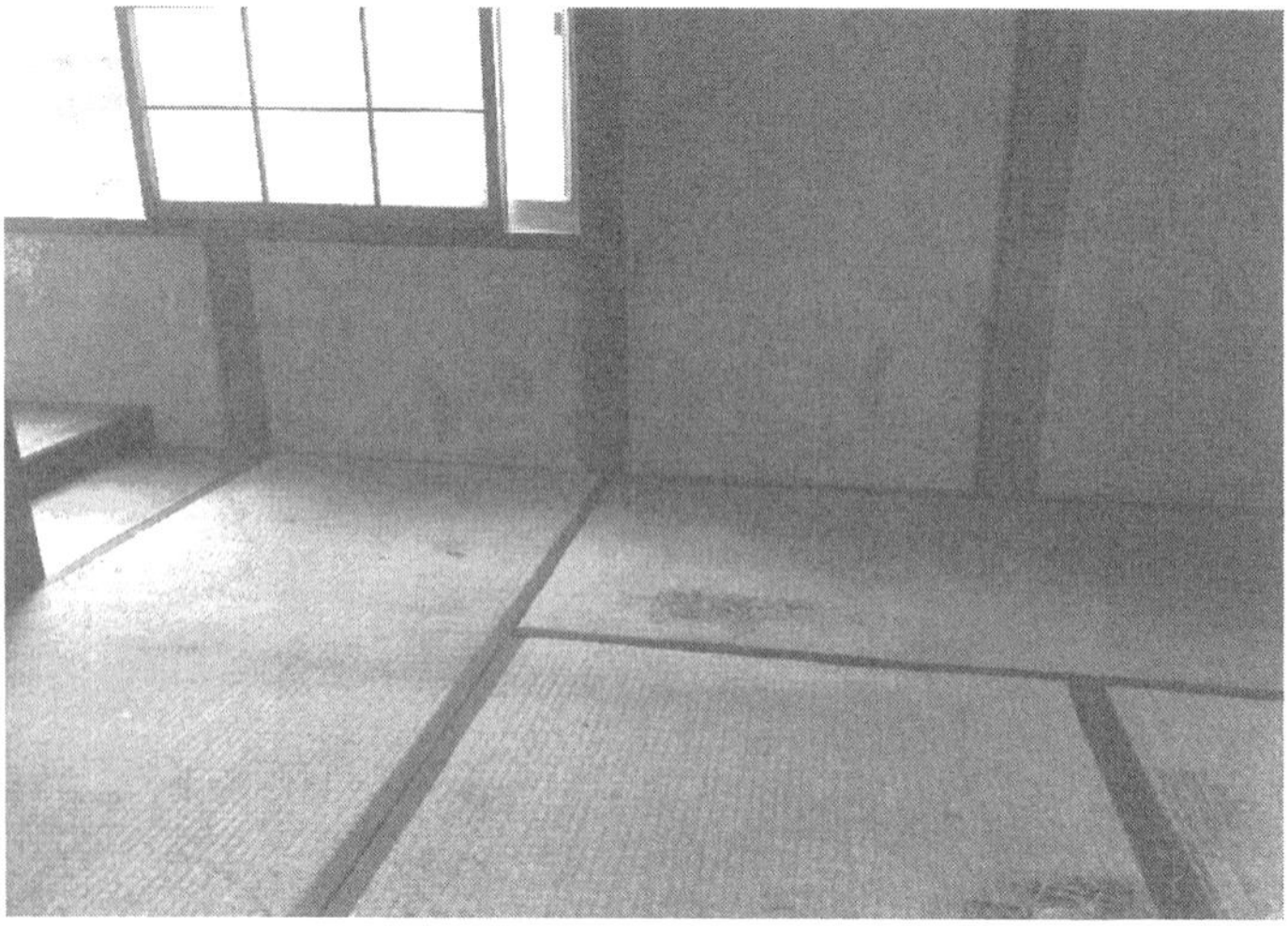

ペット飼育可にするならば…

ペット飼育可能にするのであれば、ある程度の準備が必要です。もちろん、最初からペット対応用に建築された物件であればいいのですが、そうでない場合は、最低限、極力、洋間のみにするとか、大家さん側にも対策が必要です。

募集条件においても、ペットを飼育しない場合は敷金１か月、ペットを飼育する場合は敷金２か月とか、ペットを飼育する場合は家賃３、０００円アップ、小型犬１匹に限る、などの方法が考えられます。

2　子供のいたずら

子供のいたずらでトラブル

子供のいたずらからトラブルになるケースも少なくありません。子供の走り回る足音での騒音、駐車場で車にいたずらをする、退去時に落書きがしてある、といった例がそれです。

親の言い訳

「子供がやったことだから仕方がない」、トラブルになる入居者は、大抵こう答えます。この言い訳をする入居者の特徴は、子供に注意をしないことです。そして、子供は、決まって落ち着きがないようです。
例えば、退去立会い中の私を蹴飛ばしたり、書類を踏んで歩きます。それを見ていても、親は謝りもしなければ、注意もしない。子供が悪いわけではなく、親が悪いと思います。

潔い入居者

退去立会いに伺ってお部屋に入ると、落書きだらけでクロスも破れている、明らかにやんちゃな子供がいた形跡がある。お話していると「子供がいたずらしなくなったから、そろそろ自分の家を購入しようかと思ってね」と新築のマンションを購入されて引越しされるとのお話でした。

【図表28　子供の落書き】

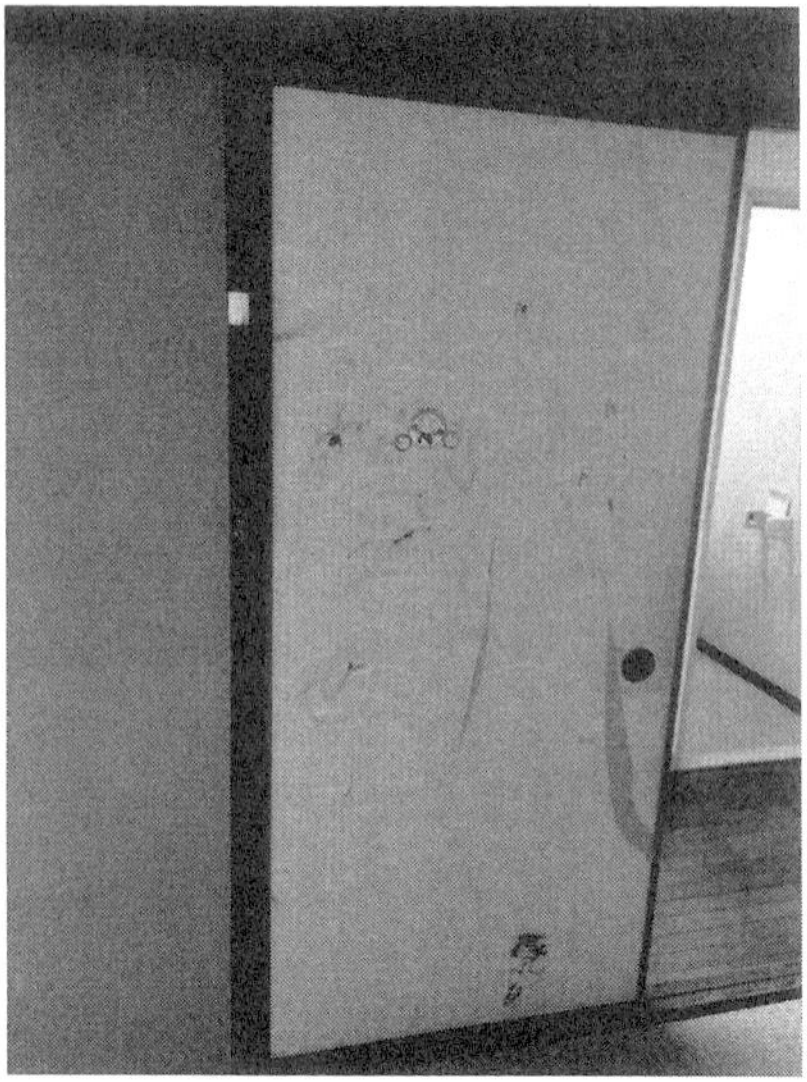

その理由にある意味びっくりしました。
ちなみにこの入居者さん、子供のいたずらした箇所の修理費用を全部払ってくれました。
正直こういう入居者さんは、すごく稀なケースですが、こういう考え方もあるんだなと驚きました。

3　外国人入居者

文化の違い

やはり、外国人入居者の場合、一番困るのは文化の違いと言葉の壁です。契約の時点で、日本人以上にしっかりとした原状回復に関する説明やお部屋の使い方に関する説明が必要だと思います。

土足で生活

一番困るのが、土足で生活しまうケースです。特に、遮音性のある柔らかいフローリングの上を女性のハイヒールで歩かれてしまうと、ポコポコとえくぼができてしまいます。

しかし、これは外国人に限らず、日本人の女性でも、室内に姿見を置いて、その前でハイヒールを履いておそらくファッションショーでもしたであろう方もおられます。

水パイポの跡

これには正直びっくりしました。フローリングやサッシ枠、ベランダの床にこげ跡ができていました。原状回復費用もびっくりするくらいの金額がかかりました。

【図表 29　フローリングのキズ】

【図表 30　ベランダのこげ跡】

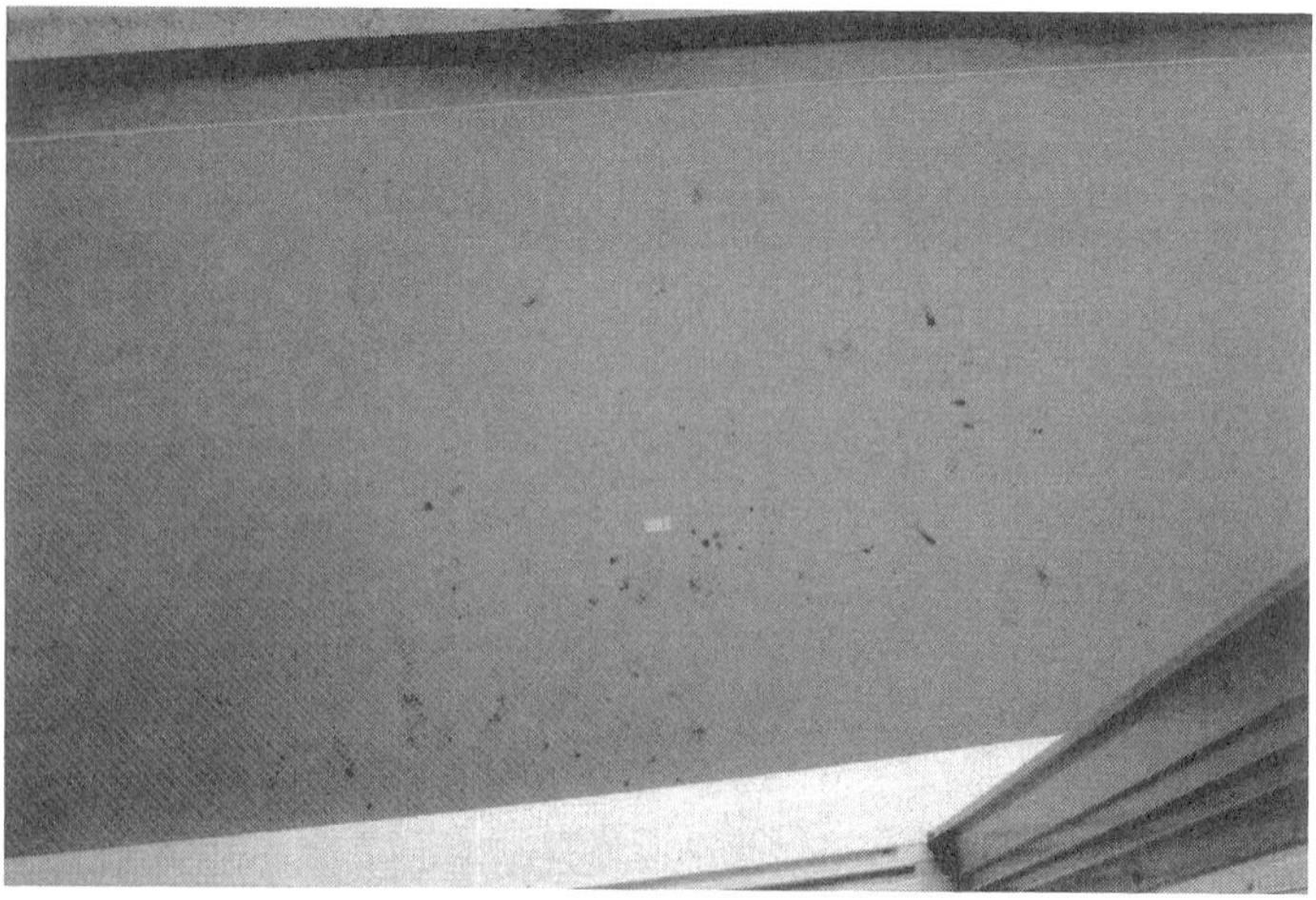

そもそも原状回復の概念がない

そもそも海外では、現状回復の概念がない国が少なくないのです。海外の場合、現状渡しでお部屋を借りて、入居者が自分でリフォームして生活するところもあるようです。

いわゆる、最近増えてきたＤＩＹ賃貸のような感じなんでしょう。ならば、外国人には、ＤＩＹ賃貸として貸し出してしまうのも１つの方法かもしれません。

4　タバコのヤニ

タバコのヤニによる変色

最近では少なくなってきましたが、タバコのヤニによる変色で、原状回復費用が高額になるケースが多いです。

入居者は、「禁煙の契約でなかったから」と必ずのように言われます。

社会的な流れから考えて

社会的な流れから考えても、これからは、契約の際「禁煙」という契約をするのもいいかもしれません。生命保険でも禁煙と喫煙で掛け金が違うように、家賃の差をつけるというのもいいと思い

【図表31　ヤニによるクロスの変色】

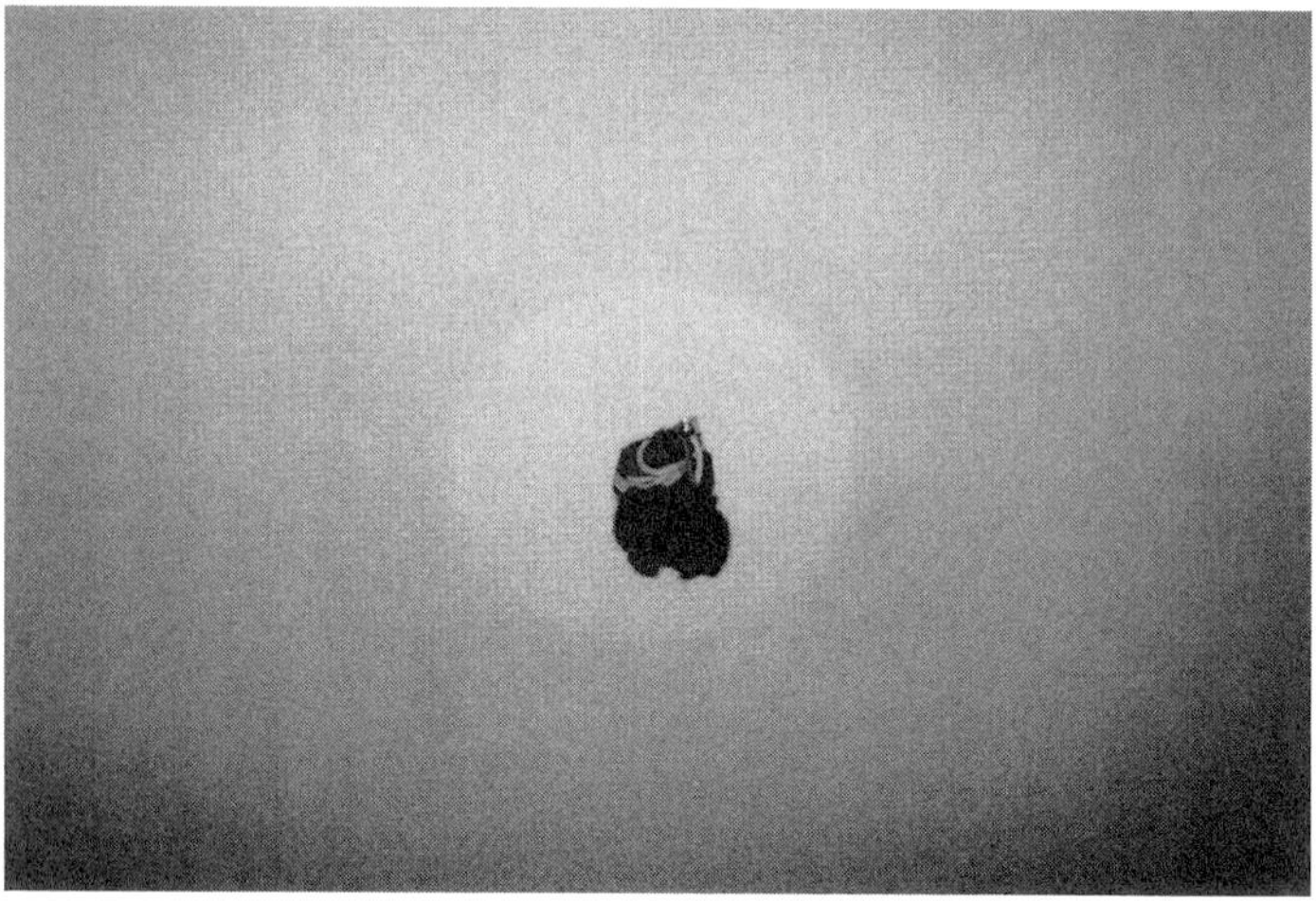

ます。

タバコを吸っていた部屋は、禁煙のお部屋と比べてリフォーム費用が平均して倍近く掛かります。

また、原状回復をしても、どうしてもタバコの臭いが残ってしまいますので、あらかじめ「禁煙」で募集すると、タバコが苦手な方への入居促進につながります。

5　Vシネマの世界

さまざまな職業の方の退去立会い

退去立会いを数多くさせていただいていると、さまざまな職業の方に出会います。

弁護士さんの退去立会いをして、訴えられるのではないかとドキドキして挑んだところ、意外にもあっさり承認をいただけたり、堅気ではない方の退去立会いも同様でした。

看板あるし…

退去立会いで訪問したお部屋の玄関を開けたら、明らかに堅気でない職業の方とわかる看板がついていました。「ヤバイ」と内心思いましたが、ここで帰るわけにはいきません。

部屋の中に入ってドキドキする心を押さえつつ、室内の確認をさせていただいていました。クローゼットを開けると木刀が転げ出てきてまたびっくりです。その間も、「頭、姉さん」なんて声が飛び交っています。正直、怖かったです。

見積りを作成する段階になったら姉さんが一言、「お兄さんがびっくりするからお前ら外に出てろ」。

いい入居者さんでした

契約書の内容、汚損箇所と修理内容をご説明して、見積りを作成します。

もちろん、あの看板をつけるために開けたビスの穴も、修理箇所として御見積りさせていただきました。

そう、この手の職業の方のほうが、「筋道が通らないことが嫌い」です。すんなりご承諾いただき、筋道を立ててご説明することの大切さを学ばせていただきました。

6　又貸しの恐怖

別れた結果又貸しに

同棲をするために男性の名義で契約。最初は、２人で仲よく住んでいたんでしょう。ある時、２人は別れることになり、本来なら女性が出て行くべきなのですが、なぜか男性が出て行ってしまったのです。女性は、１人になっても、最初は家賃をきちんと払い暮らしていました。しかし、いつの日からか、女性は、無職となり、家賃を滞納し始めました。

滞納が始まった数か月後、契約者である男性に連絡がいき、退去立会いをすることになりました。鍵もないので破錠して室内に入ると、夜逃げ同様に荷物はあり、室内もひどい状態になっていました。

当然のことながら、契約者である男性は、滞納家賃と原状回復費用を払うことになりました。

事務所で又貸し

契約当初、２人の自営業者の方が共同事務所として使われるために契約されたお部屋でした。契約者である自営業者の方が、他の地方に事務所を移転され、契約者でない方がこの事務所に残られたそうです。

それから数年して、家賃滞納などで揉めたようで、契約者の方から解約通知が届きます。最初はよくわからず、「立会いは○○がするから」と言われ、事務所を使っている○○さんに連絡をしていました。ところが、途中から連絡がつかなくなり、契約者に再度連絡します。

そこで、事情を聞いたわけですが、この部屋もやはり鍵がなく、幸い大家さんの持つ管理キーで開錠、しかも遠方にいるから契約者は退去立会いができないと言います。このお部屋は、残地物もなく、きれいな状態だったのが不幸中の幸いでした。

契約者というのは重要

契約者や連帯保証人は大変重要ですが、軽んじて考えている方が多すぎます。大家さんや管理会社さんは、もしこのお部屋の状況がおかしいと思った場合には、早めの対策をしてください。

7　わけあり退去

おばあちゃんの退去立会い

築40年くらいのアパートに、大家さんと退去立会いにお伺いしました。70代のおばあちゃんが一人暮らしだったようで、40代の娘さんと一緒にお見えになりました。

10年以上ご入居いただいていたようですが、お部屋はとてもきれいで、1箇所襖を破ってしまったので申し訳ないと大家さんに謝っておられました。何事もなく退去立会いが進んでいくと、おばあちゃんがポロッと涙をこぼしながら語り始めました。

「本当は、ここにまだ住んでいたかったけど、最近、体調が悪くて大家さんに迷惑をかけるといけないから娘のうちに行くことにしました」

何だか切ない退去立会いでした。

離婚による退去

契約者は男性のファミリーマンションに退去立会いにお伺いしました。玄関を開けると、女性と子供がおられました。壁には穴があり、生活観が漂った感じのお部屋でした。
クローゼットの上の棚から、結婚式のものと思しき写真が出てきました。
私「これ忘れ物がありましたよ」
女性「処分しといて」
何か変な受け答えだなーと思って退去立会いを進めて、御見積りを提示すると、
女性「別に向こうが払うからいいんじゃない?」
私「向こうってどなたですか?」

女性「契約者」
私「ご契約者様の奥様ではないですか？」
女性「あっ、元ね」
なるほど、写真いらないわけだよね。壁の穴は、夫婦喧嘩でできたんですね。

人の生活を垣間見てしまう退去立会い

退去立会いをさせていただく中で、人の生活を垣間見てしまいます。入居者さんからはもちろんですが、退去した部屋の状態から、前入居者さんの生活が想像ができるようになってしまいました。

賃貸住宅にはドラマを越えた生活がある

本項では、あいにく悲しい退去となってしまったお話を書かせていただきましたが、もちろん新婚で入居して、この部屋でお子さんが生まれ育ち、新築住宅を購入されたとうれしそうに記念写真を撮って退去される方もたくさんお会いさせていただきました。

人には衣食住が必要不可欠で、とりわけその中の住環境に関わるお仕事ですので、大家さん、不動産仲介業者、管理会社、そして私たちリフォーム業者は、快適に過ごしていただける住環境を提供できるように心がけていかなくてはいけないと、退去立会いを通じて常々再認識しながら、日々の業務を遂行させていただいています。

記念撮影をして退去

わけありの退去のお話ばかりも悲しいので、ここでひとつ幸せな退去のお話もさせていただきたいと思います。

2LDKのコーポタイプの賃貸住宅での退去立会いさせていただいた際の出来事です。

ご結婚されるときに入居されたようで、入居7年、このお部屋で新婚生活を始められ、お二人のお子さんが生まれたそうです。もう上のお子さんは5歳になられるそうです。

子供「パパこのお家にはもう来られないの？」

パパ「うん、○○には新しいお家があるでしょう」

子供「えっ、ここが○○のお家だよ」

パパ「そうだね。○○はこのお家しか知らないからね」

ママ「この家も荷物がなくなると広いんだね」

パパ「すみません、写真撮ってもらえますか？」

私「あっ、はい是非」

ご家族4人並んでお部屋で最後の記念写真を撮らせていただき、名残惜しそうにお部屋を後にされるのをお見送りさせていただきました。

新居でも、ご家族仲良く暮らしてくださいね、と心の中で願いながら…。

第8章　本当にあったびっくりするクレーム

1　エアコン

エアコンが動きません

1Kのマンションの入居者さんから、「エアコンが動きません」の連絡が入りました。

たまたま近くにいたので、ご訪問させていただきました。

入居者「リモコンの電池を変えたらエアコンが動かなくなってしまって」

私「ちょっと見させてくださいね」

やっぱりだよ。エアコンによっては、リモコンの電池を交換した後でリセットしなければいけないものがあります。リモコンをリセットして、無事対応完了しました。

エアコンが動かないけどどういうこと！

その日に新入居されたご入居者さんからご立腹の電話がありました。

「きょう入居して、しょっぱなからエアコンが使えないってどういうこと！」

時々、入退去の際、ブレカーを入れたり切ったりしていると、電気製品の基盤に過電流が流れることがあるらしく、リフォーム完了時に動作していたものが動作しなくなることがあります。

【図表32　古いタイプのエアコンには要注意】

それかもと思ってご訪問させていただいたとき、次のようなやりとりがありました。

入居者「早く何とかしてよ」

私「えっ？　動いてますよね？」

入居者「これが動かないんだって」

風が出ているんです。

私「えっ？　このルーバーは、手動で動かすんですけど…」

入居者「はぁ？　どういうこと？」

古いタイプのエアコンは、ルーバーを手動で動かすタイプのものがあり、エアコンとリモコンも線で繋がっているものだったのです。

取扱説明書を開き、ご説明したところ、何とか納得していただけました。

取扱説明書の設置

最近では、ＴＶモニターホンなど多機能な設備がついていることがあります。取扱説明書をファイルなどに入れて置いておくことが必要です。

また、機能が多いものや、よく使う設備に関しては簡易マニュアルなどを作成して設備にぶら下げておくなどすると余分なクレームは少なくなります。

2　洗濯機蛇口のトラブル

水漏れ

今や、ほとんどの家庭が全自動洗濯機を使われています。全自動洗濯機の場合、使っていないときも蛇口は開いたままです。でも、実は、蛇口を開いたままにしていると、意外と蛇口には水圧がかかっています。リフォームが完了した際に水漏れしていないから安心というのではなく、原状回復工事の際には必須でパッキン交換をします。

パッキンは、ホームセンターなどでも数百円で販売されており、大家さんご自身でも簡単に交換可能です。

ワンタッチニップル

最近はかなり普及してきましたが、ワンタッチニップルといって、従来の蛇口と違い、ドライバーを使わずに洗濯ホースを繋げるタイプの蛇口が出てきました。このワンタッチニップルには、「緊急止水弁付」のものがあり、万が一洗濯ホースが蛇口から抜けると水が自動で止まる機能がついています。

【図表33　ワンタッチニップルの繋げ方】

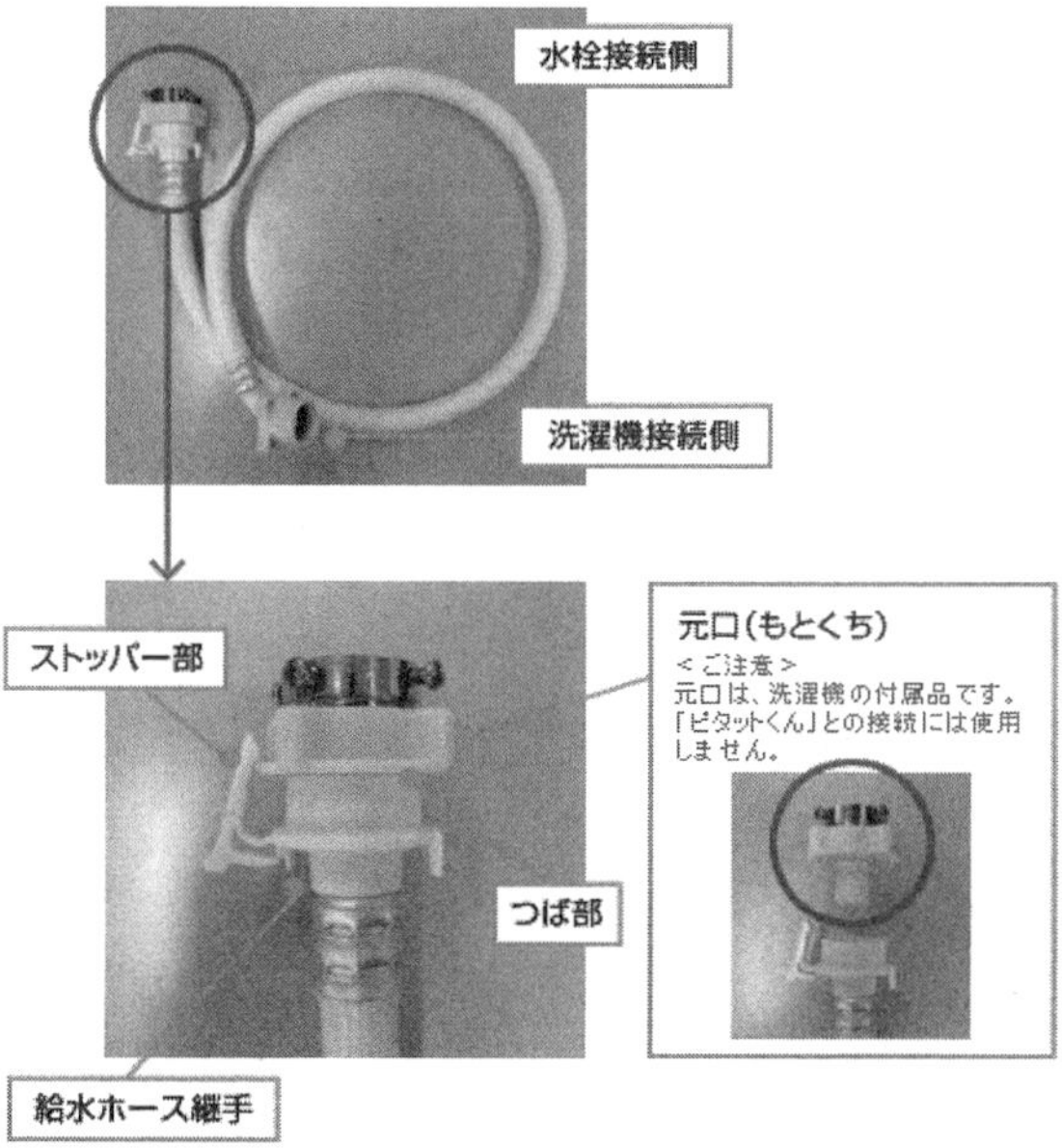

実は、先ほど紹介したように、洗濯蛇口は開きっぱなしのご家庭が多く、水圧がかかっているため、留守中などにホースが抜けて漏水事故が発生するケースが多いのです。そういった事故を防ぐために出された商品が、このワンタッチニップルです。

繋ぎ方が違う

しかし、ワンタッチニップルが発売された当初は、「洗濯ホースが繋げない」という新入居クレームが多発しました。原因は、従来の蛇口とは繋ぎ方が違い、ホース側のネジで閉めるための部品が1つ不要になるのです。

これも当初は、蛇口に繋ぎ方の説明書を下げたりして対応していました。

今は件数は少なくなりましたが、時々繋ぎ方がわからない入居者さんから連絡が入ることがあります。事故防止のためのシステムがクレーム発生に繋がるなんて皮肉な話ですね。

3 隠しカメラ

【図表34 隠しカメラが見つかったミニキッチン】

隠しカメラ発見！

これは一度だけでしたが、もう二度と起こって欲しくない事件です。テレビ番組などでは、盗聴器や隠しカメラが仕掛けられているなんていう番組をやっていますが、まさにそんな出来事がありました。

かつて私が退去立会いと原状回復工事をさせていただいた駅近くの1Rマンションで、「隠しカメラが見つかった」と不動産仲介業者から連絡がありました。

見つかったのは、ミニキッチンと壁の間からで、キッチンから電源を引っ張っていたそうです。

当然のごとく、前入居者に疑いがかかり、次に私に疑いがかかりました。

このお部屋は、原状回復工事の際、現地にキーボックスをつけて鍵を保管し、工事完了時に鍵を私が交換した物件だったのです。

結局、取り付けた犯人も目的もわからず迷宮入りとなりました。しかし、キッチンと壁の間の1センチ足らずの間に取り付けられたカメラを見つけた入居者さんも不思議です。

4　ペットの不始末

床がめくれてくる

ペット飼育可の物件に入居3週間の入居者さんから、「床がめくれてくるから何とかしろ！」と怒りの電話がありました。

早速、お部屋にお伺いすると、玄関横の開いている窓からアンモニアの異臭がします。玄関を開けると、目も痛いぐらいのアンモニア臭です。入居者さんは、ペットの汚物がついたスエットを着て出てきました。廊下は、足の踏み場もないくらいに散乱しています。

【図表35　一部がめくれたフローリング】

「これ見てみろ！」と見せられたのは、めくれているフローリングでした。

北側の真っ暗な洋間に小型犬が3匹放し飼いになっており、汚物も放置したままの部屋の中で吠えています。

入居者の言い分

入居者の言い分は、次のとおりです。

「普通ペット飼育可の部屋なら犬がおしっことかしてもいい材料を使うべきではないのか」

私は、次のように説明をしました。

「ペットを飼育する許可はしていますが、垂れ流しにしていいという許可ではありません」

納得しないので、ひとまず持ち帰ることにしました。

強制退去

このクレームを言ってきた直後に、隣室などの住人から悪臭や鳴き声でクレームが相次ぎ、最終的に強制退去となりました。

ベランダでも犬を放して汚物を垂れ流しにしていたようで、当然、隣室のベランダに流れていってしまうし、臭いもすごかったそうです。

この部屋に住んでいたのは20代前半のご夫婦で、退去立会いには連帯保証人である男性側の父親が同席され、「本当に申し訳ありません」と謝られていました。

結局、善管注意義務違反で、原状回復工事費用が私が過去退去立会いをさせていただいた中で一番の高額でした。この記録は、未だに破られていません。

善管注意義務とは

入居者は、お部屋を善良な管理者としての注意を払って使用する義務を負っています（民法第４００条）。建物の賃借の場合には、建物の入居者として社会通念上要求される程度の注意を払って建物を使用しなければなりません。日頃の通常の清掃や退去時の清掃は、入居者の善管注意義務に含まれると考えられます。

入居者が故意または不注意でお部屋に対して通常の使用をした場合よりも大きな損耗・損傷等を生じさせた場合には、善管注意義務違反によって損害を発生させたことになります。

したがって、生じさせた損耗・損傷等については、原状回復義務を負い、その修繕費は入居者が負担することになります。

5　R18（18歳未満禁止）の世界

クレームで呼ぶ人もいろいろ

クレームで呼ばれて訪問させていただいても、いろんな方がおられるものです。

土曜日の朝訪問を希望された入居者さんの部屋にお伺いすると、チャイムを鳴らしても出てきません。何度目かのチャイムを鳴らすと、寝起きと思しき男性がパンツとTシャツでのそりと出てきました。

「どうぞ」と言われて玄関を入ると、その部屋は1Rでしたが、玄関から順番にハイヒール、ブラウス、ストッキング、スカートが脱ぎ捨てられベッドまで続いていました。

びっくり仰天です。

女性はどこなんだろうと思いつつ室内へ入りました。

うわっ、ベッドの中で人が動いた！　あれっ、少し見えたかも…、気まずい…

男性が慌ててベッドに布団をかけました。

お部屋に人を呼ぶときは、そんなびっくりする状況が発生するとは思っておりませんので、それなりの準備をお願いしたいものです。

お姉さま

平日の夕方訪問して欲しいというご要望があった女性の一人暮らしのお部屋にお伺いすると、ぬれた髪の毛とパジャマ姿の明らかにお風呂あがりのお姉さまが出てこられました。

玄関には、ハイヒールが何足も並んでいましたから、おそらくこれから出勤の夜のお仕事のお姉さまかと思われます。

クレーム個所は、洗濯機の蛇口からの水漏れです。

「どうぞ」と、色っぽい声で洗面所に通されました。入ると、これまた目のやり場に困る状態が広がっていました。色っぽい下着が洗濯機が使えないということで積み上がっていたのです。気まずい…。

私「このまま作業させていただいてもよろしいですか？」

お姉さん「お願いします」

いやいや、このままじゃ困るから聞いたんですけど…

入居者さんのお部屋を訪問する際は、何か問題が起きるとイケナイので、原則、緊急でない限り、夜間の訪問は控えさせていただいているのは言うまでもありません。

結構入居者さんのご都合もあり、時間や格好をあまり気にされない方も多いのですが、やはりこればっかりは、この仕事に慣れている今でも、気になるものです。この仕事をしていなければ、初対面の人の生活空間に立ち入ることは、なかなかないのではと思います。

はい、飴ちゃん！

このお話は、別に悪いお話ではないです。ただ地域的な文化の違いなのかもしれません。繁華街近くにあるワンルームマンションに新しく入居された方から、「建付けが悪い」とクレームのお電話をもらい、ご訪問させていただきました。

訪問させていただくと、出て来られたのは関西弁を話すマダム。お部屋に入らせていただき、問題なく建付けを修理を完了し、お部屋を後にしました。

車が止めてある駐車場に向かおうと歩道を歩いていると、後ろから先ほどのお部屋の入居者のマダムが「お兄ーさーん」と言って私を追っかけてきます。「まだ、不具合があったのかな」とドキッとして足を止めたところにマダムが来ました。

マダムは、おもむろに私の手を握り、

「はい、飴ちゃん」

と言って私のポケットへ。

大人になると、なかなか人に手を握られることも少ないですし、ましてや「飴ちゃん」なんていただくことは、そうそうないので呆気にとられました。

後々あるテレビ番組で見たのですが、関西のマダムは、必ず飴を持ち歩いていて、何かがあると人に「はい、飴ちゃん」と渡すと放映していたのですが、あのマダムがまさにそれだったのかどうかは定かではありません。

第9章　大家さんとの出会いそして別れ

1　酒屋さんのおばあちゃん

酒屋さんのおばあちゃんが大家さんに

以前、ご主人がご健在だった頃は、ご夫婦で酒屋さんをやられていたそうです。その場所は、名古屋駅から地下鉄で一駅の好立地な場所にありました。バブルの頃に建設業者からマンションを立てないかと言われて、年老いてきたおばあちゃんは、酒屋をやめてマンションの大家さんになりました。1階はコインランドリーとおばあちゃんのご自宅、2階から4階までは賃貸マンションになっていました。

いつも物件にお伺いすると、おばあちゃんは、コインランドリーの片づけをしたりしておられ、「こんにちは」と明るく挨拶をしてくれていました。

雨漏り

ちょうど新築から9年くらいした頃、物件で雨漏りが発生しました。大家さんに報告して、建設会社に連絡してもらうようにお願いしました。基本、躯体にかかわるものは10年保証です。しかし、当該建設会社は、倒産していました。

仕方なく弊社で御見積りさせていただいたところ、足場を組む作業になるので、一緒に外壁の塗装もしようというお話になり、見積金額はウン百万円となりました。

そのときのおばあちゃんが、「建てなきゃよかった。銀行に行ってお金借りる相談してくるわ」と言って歩いて行った寂しそうな後ろ姿は、今でも忘れません。

それから数年して

もちろん、雨漏り以降も、何度もお伺いしておばあちゃんにお会いしていました。ところが、数年したある日、おばあちゃんにいつもどおり「こんにちは」とご挨拶させていただいたところ、ポカンとして私の顔を見るだけで、私が誰だかわかっていない様子です。それから少しして、担当を替えられてしまい、お会いすることはなくなってしまったのですが、お元気なんでしょうか。

新築で建築する際には、長いお付合いになるので、会社の健全さも大切です。また、しっかりとした修繕計画や修繕費を積み立てておかないとなりません。

2　毎年建てるおじいちゃん

３棟目くらいで知り合ったおじいちゃん

マンションの退去立会いや管理でお世話になっているおじいちゃんの大家さんがおられました。

ＲＣの大きな物件から小さなアパートまでお持ちの大家さんです。

ちょうど3棟目の引渡しの際に同席させていただく機会があり、初めてお目にかかったのですが、とてもダンディなおじいちゃんでした。

翌年4棟目のお引渡しでもお目にかかり、そのまた翌年5棟目のお引渡しでお目にかかったときには、１人でなかなか歩くことができないご様子で、建築会社の営業さんに手を引かれて歩かれていました。

娘さんからの突然の電話

ある日、おじいちゃん大家さんの娘さんからお電話をいただきました。

「父がなくなって、マンションのことが右も左もわからないので、もし何かあったら傍島さんに聞くようにと言われていましたので、連絡させていただきました」

この電話を受けて、すぐにお宅にお伺いさせていただき、ご焼香させていただきました。

このおじいちゃんはあまり多くを語られる方でもなかったのですが、「私を信頼してお任せいただいていたんだな」と、お亡くなりになってから実感して、目頭が熱くなりました。

お亡くなりになったときには、お持ちの物件はちょうど5棟１００室を超えていました。

私は、ほぼこの5棟共に携わらせていただいておりましたので、担当を外されるまでしばらくの間、できる限り前大家さんのやられてきたことをお伝えさせていただきました。

3　たこ焼き屋のおじさん

たこ焼き屋のおじさん

３棟１００室あるマンションの横にプレハブのたこ焼き屋さんがある物件がありました。いつもその物件に行くと、たこ焼き屋さんの近くに車を停めるので、いつしかたこ焼き屋のおじさんとも顔見知りになり、挨拶をする関係になりました。

また、ワンコインで日替わり弁当もやっているので、お昼時にはそこでお弁当を買って食べていました。

とても愛想のいい気さくなたこ焼き屋のおじさんで、マンションの住人とも挨拶やお話をしていました。

大家さんに会うことになりました

あることをきっかけに、この物件の大家さんに会うことになりました。待合わせをしたお部屋にお見えになったのは、あのたこ焼き屋のおじさんだったのです。

軽トラックに乗っているあのたこ焼き屋のおじさんが、資産数億円のマンションを所有する大家さんだったのです。

「大家さんとは知らずに今まで失礼しました」と私がお詫びすると、大家さんは「いいよ、店子さんもあんまり知らないから」と言われました。

大会社の社長が掃除のおじさんのふりをして社内の情報収集するお話を聞いたことがありますが、正しくそんな感じの大家さんです。

もちろん、この大家さんは、たこ焼き屋が好きでやっておられるとのお話でした。

たこ焼き屋のおじさんがすごい

また、このたこ焼き屋のおじさんがすごい方で、「入居者さんからこんな要望が出ているんですが、どうしましょう?」とお話すると、「ああ、その話聞いてるから店子さんが困ってるならやってあげて」という太っ腹な大家さんでした。

賃貸経営の事業継承を考えるたこ焼き屋のおじさん

お付合いを始めて数年たったころ、「あのさー息子にマンション経営を任せようと思うから、今後は息子に連絡してくれる? でも、問題があれば俺に連絡くれればいいからさー」と電話をいただきました。

この大家さんの賃貸経営手腕は、あっぱれでした。

4　購入したのに

テナントビルを購入

私の事務所と目と鼻の先にあるテナントビルを購入されたという電気屋の社長さんからお電話をいただき、管理や定期清掃の見積依頼を頂戴しました。

その社長さんと物件で待合わせをして打合せさせていただいたとき、「やっと念願の自社ビルを購入できた」とうれしそうに笑顔でお話されていました。

御見積りを提出させていただき、「まだ引き渡し前だから検討して連絡するから」とお話して以来、全くの音信不通になりました。

そうこうしているうちに、そのテナントビルには○○電気の名前にちなんで、○○ビルの看板がつけられました。

不動産屋さん経由で回ってきた仕事

数か月たったある日、不動産屋さん経由で○○ビルの仕事が私のところに回ってきたのです。当然、不動産屋さんを通したほうが金額も高くなります。

不思議に思っていた私が、このビルのオーナーといわれる女性にお会いする機会がありました。そう、その女性は、あの電気屋の社長の奥様だったのです。

奥様に「社長さん元気ですか」とお聞きしたところ、「このビルを買って間もなく亡くなった」とのことでした。奥様は、続けて、「こんな余計なもん買うから死ぬんだわ」と言われました。

「やっと念願の自社ビルを買った」と笑顔で話してくれた社長の顔を今でも忘れません。

家族の理解が必要

確かに、私を含め男性なら、多少なりとも「一国一城の主」になりたい希望はあると思います。自社ビルや自宅、賃貸住宅にしろ、やはり購入するには家族の理解や協力が必要だと思います。

この電気屋の社長の場合は、少し特殊なケースにはなりますが、賃貸経営は事業ですし、ある程度の規模にならないとやはり自宅が事務所兼用で個人事業主として経営していかなくてはなりません。また、管理委託などの方法にもよりますが、賃貸住宅は24時間365日入居者さんが生活しているので、多かれ少なかれ連絡等が入ったり対応しなければいけないことも発生してきます。

不動産仲介業者、管理会社・リフォーム業者などとのチームづくりも重要なことですが、賃貸経営には借入も必要になってきますし、他の事業主同様に「経営者は孤独」な部分もありますので、一番身近な家族に理解と協力をしてもらい、何かあったときに話し合える状態をつくっていれば、このような言葉を耳にすることはなかったのかもしれません。

第10章　大家さんのためのＳＮＳ活用

1　難しくないＳＮＳ

ホームページをつくったほうがいいといわれるけど…

よく物件のホームページをつくったほうがいいとか、動画を掲載したほうがいいとか、写真をきれいに撮ったほうがいいとかいわれますが、私もできればやったほうがいいと思います。

でも、「なかなか簡単にできない」とか、「あの人はパソコンに詳しいからいいけど、自分は苦手だから」と思われているのではありませんか。

実は、私もそんなに得意ではないです。

もちろん、ホームページの作成のセミナーなどを受けに行ったこともありますが、正直できていません。

そんな私でもできたのが、ＳＮＳです。スマートフォンやタブレットをお持ちでしたら、すぐに始められるＳＮＳの活用法をご紹介します。

そもそもＳＮＳって何？

ＳＮＳとは、個人間のコミュニケーションを促進し、社会的なネットワークの構築を支援する、インターネットを利用したサービスのことです。

趣味、職業、居住地域などを同じくする個人同士のコミュニティーを容易に構築できる場を提供するサービスで、ソーシャルネットワーキングサービスの略です。

例えば、少し前にはやったｍｉｘｉや、災害時にも活躍したといわれているＴｗｉｔｔｅｒにＹｏｕＴｕｂｅ，根強い人気のブログ、日本だけでも2、２００万人以上のユーザーがいるといわれているＦａｃｅｂｏｏｋ、子供までもが使っているＬＩＮＥなどがあります。


どれをやればいいの？


前に例に挙げたものを私は一通り登録しましたが、主にビジネスに使っているのは、ＦａｃｅｂｏｏｋとブログとＹｏｕＴｕｂｅの３つです。

ブログは、いろんなブログサービスがありますが、日本で最大規模を誇るアメブロを今のところ使っています。

どれも無料サービスですので、確かにずっと使えるという保証はありませんが、たくさんの人に使われているからこそ利用して効果があるともいえます。

今回は、この３つのサービスをご紹介させていただきます。

なお、私は、ＳＮＳの全てを熟知している専門家ではありません。したがって、あくまでも、素人が使えたという目線でお読みいただけると幸いです。

2 Facebook

Facebookのさまざまなサービス

Facebookには、メールや電話の代わりに使うことができるメッセンジャーや、お店や会社のホームページのように使えるFacebookページや、コミュニティーグループをつくることができるFacebookグループなどがあります。

日々、使用方法やサービスが進化していくので、もしこれからお話する情報とズレが生じているかもしれませんので、ご承知ください。

Facebookアカウント登録

まず、Facebookを利用するには、個人でアカウントの登録をする必要があります。1人1アカウント、実名で登録することが原則となっています。

Facebookは、現実の世界での人間関係を元に交流するように設計されていますので、思ったことや写真を投稿したり、イベントを通知したり、メッセンジャー機能を利用して個人間でメッセージをやり取りしたりできます。

物件のことは、この個人アカウントではなく、次の「Ｆａｃｅｂｏｏｋページ」を利用することをオススメします。

Ｆａｃｅｂｏｏｋページの作成

このＦａｃｅｂｏｏｋページで物件のページをつくります。アメリカでは、Ｆａｃｅｂｏｏｋページがあればホームページはいらないという人もいるそうです。

個人アカウントとＦａｃｅｂｏｏｋページが大きく違う所は、

①　Ｆａｃｅｂｏｏｋ広告が使えること
②　インサイト（アクセス数やいいね！　数を調べる機能）が使えること
③　Ｆａｃｅｂｏｏｋにログインしていない人でも閲覧できること
④　投稿した内容は、ＹａｈｏｏやＧｏｏｇｌｅ等の検索エンジンの検索対象になり、ＳＥＯ効果があること

などがあります。

しかし、せっかくつくっても、Ｆａｃｅｂｏｏｋページの物件名のみですとアクセスされる頻度が少なくなってしまうため、「場所＋アピールポイント＋物件名」などで名前をつけることをおすすめします。

（例：名古屋駅10分、ペット可、○○マンション）

私がＦａｃｅｂｏｏｋページをおすすめする理由として、ホームページを製作会社につくってもらうと、素人ではなかなか更新することが難しいですが、Ｆａｃｅｂｏｏｋページであれば「空室情報」や「マンションの前の桜が満開になりました」などの周辺環境のお知せなどを、大家さん自らがスマートフォンやタブレット、ＰＣなどを使って更新することが容易だからです。

Ｆａｃｅｂｏｏｋグループ

入居者さんへのお知せは、チラシ配布、メール配信などでされていると思います。しかし、Ｆａｃｅｂｏｏｋグループという機能の利用をおすすめします。

近年、シェアハウスに人気がある理由には、社会的にコミュニティが求められているからだと思います。

チラシやメールは一方通行になってしまいますが、Ｆａｃｅｂｏｏｋグループを使えば、双方向でコミュニケーションをとることができます。

また、「個人的なことを大家さんや他の住人に知られたくない」という入居者さんがおられた場合にも、Ｆａｃｅｂｏｏｋグループであれば、個人アカウントで友達になっていなくても参加が可能です。

もちろん、Ｆａｃｅｂｏｏｋをやられていない方もおられます。したがって、すべての入居者さんに参加いただくことは難しいと考えられますので、チラシやメールなどと併用することになるとは思います。

3　ブログ

どのブログを使えばいいの？

ブログシステムも、有料無料を含めてさまざまなシステムが提供されています。
「Ｗｏｒｄｐｒｅｓｓを使うべき」とインターネットに詳しい方からは言われてしまいそうですが、私が使っているのは無料で手軽に始められるアメブロを利用しています。

アメブロは、サイバーエージェントが提供する日本で第1位の規模のレンタルブログサービスで、正式名称はアメーバブログです。

アメブロのメリット・デメリット

アメブロのメリットは、やはり無料で利用できることです。
それ以外のメリットとして、

① ブログ間でのアクセスがあること
② アメブロ独自のペタや読者登録サービスがあること

③　ＳＥＯに強いこと
④　専門的な知識がなくてもある程度の形になること
⑤　スマートフォンのアプリなどで簡単に更新できること
などがあげられます。

　一方、デメリットとしては、
①　広告が入る
②　利用規約が厳しい
③　あくまでも借り物のブログであるということ
などがあげられます。

まずは情報発信すること

　大家さんに「ブログを書きましょう」というお話をすると、ほとんどの方から返ってくるのは「何を書けばいいのかわからない」「書くのが難しそう」という返事です。

　まず、最初は、身近に起こった出来事、何でもいいんです。

　例えば、「エントランスの花が咲いた」「共用部の掃除をしてきた」「落ち葉が多くて掃除が大変」などです。

　まずは、大家さん自身ができる情報発信から始めましょう。

どれくらいの頻度で書くのか

「どれくらいの頻度で書けばいいのか」というご質問をよく受けます。1週間に1回とか、3日に1回とか、どんな頻度でもいいのですが、その代わり大家さんが最初に決めた頻度で必ず更新します。

私の場合、毎日更新を目標にしているのですが、続けることによりそれが習慣となります。周囲の方から、「よく毎日ネタがあって書けるね」と言われますが、実はスマートフォンのアプリの中にはブログを書いて保存しておくことができる機能があり、ネタや時間があるときにそこに書き貯めしておき、時間がない日はそれを投稿しています。

4　YouTube

ＹｏｕＴｕｂｅって何？

ＹｏｕＴｕｂｅとは、Ｇｏｏｇｌｅが運営する無料動画共有ポータルサイトです。動画の閲覧は一部を除いて自由にできますが、動画のアップロードは利用者登録をしなければできません。

手軽に動画ファイルの配信・閲覧が行えるので人気を集めており、アクセス数は増え続けているそうです。また、動画ごと、アカウントごとにアクセス数をカウントすることができるので便利です。

ＹｏｕＴｕｂｅを使って何をするか

お部屋の動画を公開します。「ビデオカメラを持っていない」「動画のアップロードは難しそう」と思われるかもしれませんが、ビデオカメラがなくてもスマートフォンやタブレットで動画を簡単に撮影できて、アプリを使えばそのまま簡単にアップロードできます。

また、前述したＦａｃｅｂｏｏｋと動画を共有することもできます。Ｆａｃｅｂｏｏｋにも動画を直接投稿することができるのですが、Ｆａｃｅｂｏｏｋだと投稿した動画が後から探しづらくなってしまうので、動画を保管しておく意味も含めてＹｏｕＴｕｂｅを利用します。

なお、ＹｏｕＴｕｂｅの場合も、Ｆａｃｅｂｏｏｋページに名前をつけたとき同様に、検索にヒットしやすいような名前をつけるといいです。

動画の可能性

私は、このＹｏｕＴｕｂｅで動画を共有・保管することに大きな可能性を感じています。

例えば、遠隔地に物件をお持ちの大家さんであれば、管理会社やリフォーム業者からの報告をＹｏｕＴｕｂｅに動画をアップロードしてもらえば、写真よりもより状況がわかりやすいです。入居前のお部屋の設備点検を動画で撮影し、ＹｏｕＴｕｂｅにアップロードして保管しておけば、入居後や退去時のトラブル防止に役に立ちます。

まだまだ考えれば、ＹｏｕＴｕｂｅのサービスは、より便利な使い方があるかもしれません。

第11章　特別補足編

1　シェアハウスを取り入れたハイブリット型空室対策

２０１４年６月初め、不動産実務検定講師の成田勉先生から「空室対策を手伝って欲しい」とお電話をいただきました。

その物件は、名古屋市内の地下鉄の駅から徒歩10分の３ＬＤＫ（75㎡）の築17年ＲＣ造マンションで、24戸中５戸が繁忙期前から空室のまま数か月経っているとのこと。

空室５戸のうち３戸は、和洋改装も含めリフォーム済み。ちなみに、このエリアは、駅近ではあるのですが、ファミリーエリアではなく学生街です。管理会社は入っているのですが、自社では募集していない会社です。

成田先生のコンサルティングにより、２戸を６室のシェアハウスとして運用し、残り３戸の空室対策を考えて欲しいとの依頼でした。

シェアハウス運営は、株式会社ＳＨＮ柳卓社長が担当され、私自身は初めてシェアハウスの立ち上げに携わらせていただきました。

一般の賃貸マンションをシェアハウスとして運用できるのか疑問に思われる方もおられるかもしれませんが、基本的にプライベート空間を確保するために、各部屋にカギを設置すればいいのです。

私が担当する空室３戸ですが、１戸は和洋改装してリフォーム済み、残りの２戸は退去したままの状態でした。

①　リサーチ

この物件には内見記録表があるというので確認したのですが、内見の記録がありませんでした。そこで、近隣の不動産会社を廻りヒアリングしたら、驚くことに、空室があることを知らないのです。ネットで検索すると、和洋改装前の写真が掲載されていました。

家賃相場を調べてみると、部屋がやや広いものの、間取りに対して考えるとやや家賃が割高でした。そこで、家賃を5、000円ダウンして、85、000円・共益費4、000円・駐車場10、800円で合計99、800円になるようにしました。

②　リフォーム

リフォーム済みのお部屋には、LDKにアクセントクロスを貼り、キッチンの扉にリアテック貼り、浴室にフィルムを貼って大型鏡を取り付け、インパクトのあるお部屋にプチリノベしました。

リフォーム前のお部屋のうち1戸を和モダンのお部屋にプチリノベ。一般的に、和室は不人気なので、洋間に改装したほうがいいと言われる方が多いのですが、この物件の場合、和洋改装してある3戸が入居が決まっていなかったわけですから、同じように改装しても意味がないので、和室を残し、和室があるお部屋と和室がないお部屋とで反響を比べようと思ったのです。

残りの1戸は、その反響を見てからリフォームプランを立てたいので、ひとまずはそのままの状態にしました。

【図表 36　和モダン】

【図表 37　キッチンの扉へのリアテック貼り】

③　リフォーム見学会

リフォームが完了したところで、物件のよさを知っていただくために、近隣の不動産会社を招いてリフォーム見学会を開催しました。

その後、さらに２戸退去があり、一時は合計７戸の空室となってしまいましたが、足掛け７か月経過した２０１４年12月末には、無事、一般賃貸は５戸すべてに入居もしくは入居申込みをいただき、シェアハウスは６室中５室入居が決まりました。

【図表 38　浴室のフィルム貼りと大型鏡の取付け】

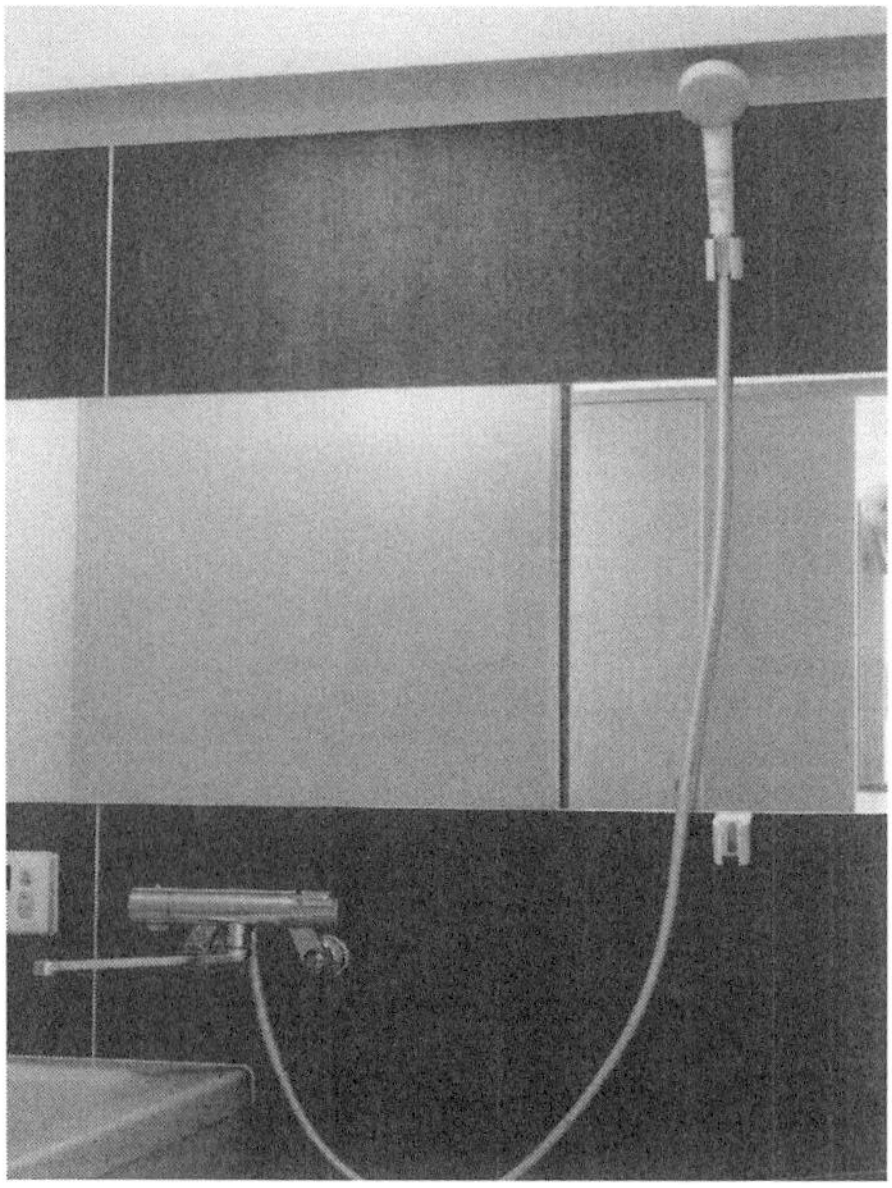

ちなみに、この段階で全戸を一般賃貸として満室にするよりも、収益は上回っているのです。

一般賃貸では家賃８５、０００円だったものが、シェアハウスでは１室家賃の平均４５、０００円、２室入居すれば一戸分の家賃相当になるからです。

・成田勉先生の大家になる会　http://www.ooyaninaru.jp/

・株式会社ＳＨＮ　http://s-h-nagoya.com/

【図表 39　シェアハウスのプランニング】

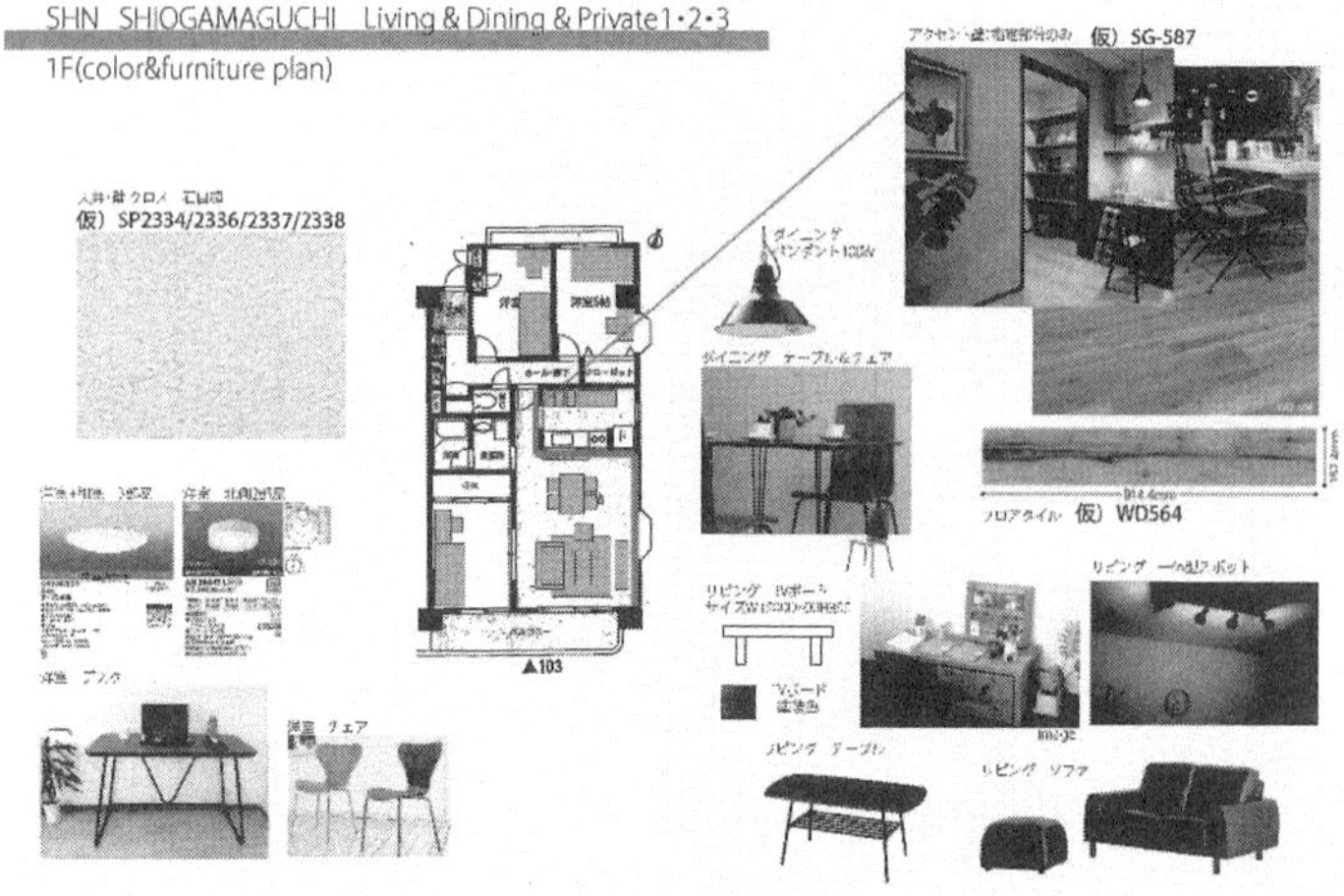

【図表 40　シェアハウス個室のカギ】

【図表 41　リフォーム見学会の案内】

【その手があったか！ハイブリットリフォーム再生物件見学会】

空室が 5 部屋まで拡大してこの先埋めることができないとお悩みのオーナー様のため私達が出したアイデアは．．．

今、部屋を普通に綺麗にしても決まらない物件が増えています。そのリフォーム時代に合っていますか？家賃など価格設定は間違っていませんか？募集活動は適正ですか？空室の理由を分析し必要以上にお金をかけず、収益性を上げる為に今話題の○○○ハウスを始めとする家賃を上げる部屋と和室を活かした望まれる間取り、洋間で値ごろな家賃と言うコンセプトで相場以上の家賃であった今までを超える収益性をもたらすハイブリットリフォームの再生案件です。

空室対策はお金よりアイデアです！

大家さんはもちろん不動産事業会社様（仲介・管理）にもぜひご覧頂きたいです！！

当日、無料相談も喜んでお受けします！（お一人 30 分以内）

◆日時：9 月 4 日（木）
10:00～12:00
◆場所：[redacted]
[redacted]
◆参加費：無料
※駐車場のご用意がございませんので、公共交通機関をご利用ください。

ふりがな	
氏名	
住所	〒
TEL	
Mail	

お申込先FAX[redacted]　Mail：[redacted]

※当日の飛び入り参加ももちろん歓迎です！

※見学会前に入居決定した場合、一部のお部屋を見学できない可能性がありますので、ご了承ください。

主催：良質計画合同会社　成田 魁 [redacted]（大家になる会で検索）
有限会社 SSK コーポレーション　槙島啓介 [redacted]（空室対策はお金よりアイデアです！で検索）
株式会社ＳＨＮ　柳 卓 [redacted]（シェアハウス名古屋で検索）

2　福祉施設を取り入れた社会貢献型空室対策

福祉施設というと高齢者施設を思い浮かべる方が多いかもしれません。もちろん、高齢者施設もありますが、障害者施設もあります。

お話をいただいたのは、一般社団法人日本社会福祉事業者支援協会の後藤学代表理事です。

必要な設備としては、基本的にシェアハウスとかわりません。すなわち、鍵のついたプライベート空間（7・43㎡以上）が必要で、最低収容人数は6人からなので、1Kが6室、2LDKが3室、3LDKが2室以上あればいいというのです。

ただし、100㎡以上になると消防設備（連動型の火災報知機）が必要になるそうです。

私は、「手すりが必要なのでは？」「バリアフリーでないとダメなのでは？」と思いましたが、そういう特別な設備は特になくても問題ないとのことです。

福祉事業者さんが借上げをするサブリース形式で運用し、福祉施設のグループホームとして認可が必要ですが、それも福祉事業者さんのほうで取られるので問題ないそうです。

どんな方が入居されるのかお聞きしたところ、身体障害者・精神障害者・知的障害者が入居されるそうで、自立支援を目的としており、昼間は日中支援の作業所などに働きに行き、支援員の方が夕方から朝まで食事などの生活のお世話をされるそうです。

【図表42　社会貢献型空室対策の例】

セブンデイズいちのみや(いまいせ)
1階6名＋2階3名

1R6室のアパートの1階の平面駐車場に居室3室を増設し9名のグループホームにしました。

間取図

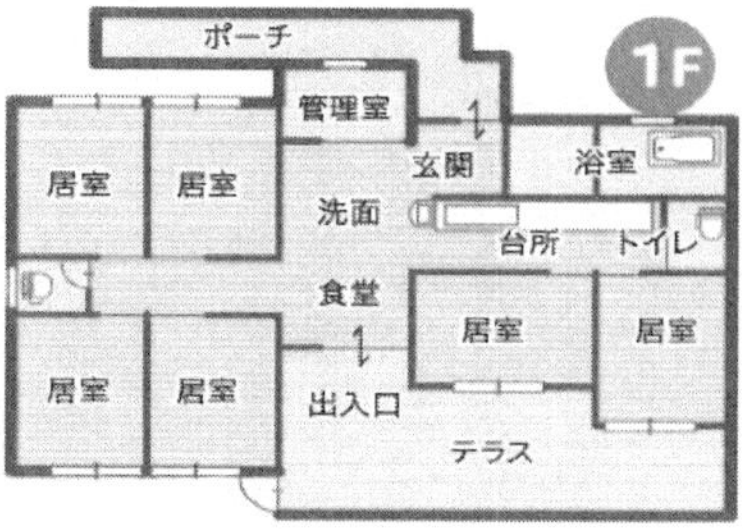

・定員分の個室が必要です。（個室の広さは収納は別で7．43㎡以上必要）
・設備として、管理人室・玄関・台所・洗面所・浴室・居間（食堂）・トイレ等が必要です。

ただ、問題点として、一般の賃貸住宅と併用する場合、既存の入居者さんに理解を得られず退去されてしまう可能性もあるので、できれば最低限ワンフロアは福祉施設として運用するなどの配慮が必要になるとのことです。

・一般社団法人日本社会福祉事業者支援協会　http://www.11294.org/index.html

3　大家さんこそ事業継承

特に、同族会社では、事業継承がオーナー経営者の一族、会社および従業員にとって重要な影響を及ぼすので、早期に後継者を特定し、相続財産の評価などの相続対策と後継者の育成等をして、会社の株式と事業用資産を後継者に取得させる計画を立てて対策すべきだと問題視されています。

本来、不動産賃貸業も事業継承対策を計画的にすべきと考えますが、大家さんの大半は、相続対策のみで事業を継続するための準備がなされていなさ過ぎるのが現状です。

いくら相続税対策をして資産を残しても、経営する手腕がなければただの負動産にしかなりません。多くの大家さんと出会わせていただき、ひどい大家さんに関しては相続人が相続すべき不動産の存在すら知らなかったり、どのように経営しているのか全くわからず、相続後あたふたされている方をたくさん見てきました。

相続対策をするときは、最低限必ず相続人も交えて現状の資産の状態や賃貸経営の状況を把握しておいてもらいましょう。

また、できれば企業と同様に早期に賃貸経営の後継者を選定して、後継者としての育成も合わせてしておきましょう。

せっかく相続対策をして相続人に残しても、賃貸経営のノウハウが解らず、すぐに手放すことになってしまっては、何のための苦労だったのかわかりません。

4　一般財団法人日本不動産コミュニティー（J‐REC）での活動

私が、ハウスクリーニングから、退去立会い・原状回復工事、そして空室対策リノベーションと15年以上賃貸住宅に携わる仕事をさせていただいた中で、たくさんの大家さん・入居者さんと出会い学ばせていただきました。

その中で不動産とは、人を幸せにするものであり、不幸にするものではない。そして、今まで自分が学ばせていただいた経験を活かしたいと思ったときに出会ったのが、一般財団法人日本不動産コミュニティー（J‐REC）でした。

J‐RECは、「不動産の知識をすべての人へ」の基本理念を元に、不動産実務検定（通称「大家検定」）を通じて、賃貸住宅の経営に必要な知識を高め、入居者によりよい住環境を提供することで、日本の賃貸住宅の向上と発展に貢献することを目的としています。

２０１３年、マスター認定短期集中講座に参加し、学科試験・マスター提案書作成課題と講演実技審査に合格し、晴れて２０１４年不動産実務検定認定講師・Ｊ－ＲＥＣ公認不動産コンサルタントとなりました。

不動産実務検定認定講師・Ｊ－ＲＥＣ公認不動産コンサルタントになった目的は、今まで私が得てきた知識や経験を少しでも多くの方にお伝えし、よりよい住環境を提供するお手伝いをして「四方よし」の住環境づくりの役に立ちたいということでした。

現在は、地元・名古屋を中心に、不動産実務検定認定講座を通じて「不動産の知識をお伝えする」こととともに、定期的に勉強会を通じて、満室経営を目指す大家さんと一緒に勉強させていただいております。

勉強会は、Ｊ－ＲＥＣ会員以外の方もご参加いただけますので、もしご興味をお持ちの方は一緒に勉強してよりよい住環境を目指しましょう！

・一般財団法人日本不動産コミュニティー　http://www.j-rec.or.jp/

近年、相続税増税などもあって不動産投資に注目が集まり、新たに賃貸経営に乗り出されたり、不動産投資を始めようとされている方がたくさんおられますが、投資物件を扱う不動産業者さんや建設会社さんの中には、「入居を決める」ことに注力されていない業者さんも残念ながらいるようです。入居なくして賃貸経営の成功はあり得ないので、少しでも大家さんの「入居を決める」お手伝いができればと日々活動させていただいています。

《参考文献》

「原状回復をめぐるトラブルとガイドライン」 国土交通省
「不動産実務検定２級テキスト」 一般財団法人日本不動産コミュニティー

著者略歴

傍島　啓介（そばじま　けいすけ）

有限会社ジェイアンドエム　代表取締役。有限会社 SSK コーポレーション代表取締役。一般財団法人日本不動産コミュニティー名古屋第二支部一宮 SG。新米大家の会管理人。

【保有資格】J-REC 公認不動産コンサルタント。損害保険募集員資格。敷金保証金診断士

【経歴】高校卒業後、上海の華東師範大学に留学。帰国後フリーター生活から清掃業で独立、有限会社ジェイアンドエムを設立。元々ハウスクリーニングの営業にと始めた賃貸住宅の退去立会いは、わかりやすく揉めないとして定評がある。原状回復工事だけでは物件力がつけられないと空室対策リノベーションを手がけるが、それでも不十分と考え、空室対策ナビゲーターとして客づけ支援などのコンサルティングも手がけている。賃貸住宅フェア 2014in 名古屋での講演は、「わかりやすく、すぐに実践できる空室対策」と好評で人気セミナーランキング BEST 2位に選ばれた。

【Facebook「そばっち」で検索】
ホームページ：http://kuusituidea.com/

6000 件の退去立会いからわかった！

空室対策はお金よりアイデアです

2015 年 3 月 20 日　初版発行　　2022 年 3 月 23 日　第 4 刷発行

著　者　傍島　啓介　©Keisuke Sobajima

発行人　森　　忠順

発行所　株式会社 セルバ出版
〒 113-0034
東京都文京区湯島 1 丁目 12 番 6 号 高関ビル 5 B
☎ 03（5812）1178　FAX 03（5812）1188
http://www.seluba.co.jp/

発　売　株式会社 創英社／三省堂書店
〒 101-0051
東京都千代田区神田神保町 1 丁目 1 番地
☎ 03（3291）2295　FAX 03（3292）7687

印刷・製本　株式会社 丸井工文社

Printed in JAPAN
ISBN978-4-86367-195-9